Lenormandkart

Autorin: Barbara Bittner

Homepage: madame-barbara.de

Kartenlegen mit den Lenormandkarten - von Madame Barbara

mit vielen Beispielen
Kurzlegungen (mit 3 und 5 Karten)
Zeitkarten
Finanzkarten
Gesundheitskarten
Eckkarten
Warnkarten
Korrespondenzkarten
Personenkarten
Auslegungsweise der großen Tafel
und 2er Kombinationen aller 36 Karten

Inhaltsverzeichnis

Inhaltsverzeichnis (II)

Zu meiner Person

Mein Name ist Barbara Bittner, ich wurde 1960 in Berlin geboren, bin verheiratet und habe zwei erwachsene Kinder. 1978 wurde ich Arzthelferin, später arbeitete ich viele Jahre als Arztsekretärin.

Ab 1977 beschäftigte ich mich mit der Astrologie. 1997 begann ich mit den Wahrsagekarten, angefangen habe ich mit den Crowley-Tarot-Karten, später wechselte ich zu den Lenormand-Wahrsagekarten. Die Gabe habe ich möglicherweise familienbedingt geerbt. Meine Oma sowie auch meine Uroma waren erfolgreiche Kartenlegerinnen beziehungsweise Heilerinnen.

Zum Inhalt dieses Buches

Die Lenormandkarten sind leicht verständlich und sehr gut für Anfänger geeignet. Die Bilder sprechen deutlich, so dass jeder klare Antworten bekommt. Sie eignen sich hervorragend für Zukunftsvoraussagen.

Ich habe jede einzelne Karte in Grundbedeutung, Zeitangabe, Gesundheitsbeschreibung sowie über Finanzen u.a. beschrieben - weiterhin in 2er-Kartenkombinationen jede Karte mit jeder erklärt.

Ich wünsche nun viel Spaß beim Erlernen dieser Lenormandkarten.
Übrigens: Wer das Interesse zum Erlernen des Kartenlegens hat, hat auch die Begabung in sich.

VORWORT

Wenn Sie anfangen das Kartenlegen zu erlernen, werden Sie denken, das schaffen Sie nie, keine, Angst, das geht jedem so. Es ist noch kein Meister vom Himmel gefallen. Die Zigeunerkarten lassen sich leicht erlernen. Und wenn Sie sich gleich an einer Freundin oder Nachbarin versuchen, werden Sie merken, dass Sie auf dem richtigen Weg sind. Ich kann nur empfehlen möglichst nicht für sich selbst die Karten zu legen. Denn hier werden meist die Wünsche gesehen. Das Kartenlegen beginnt sicherlich am Anfang mit dem Auswendiglernen, aber das eigentliche Kartenlegen geht nur über die Intuition. Hier wird jeder seinen Weg finden wie er was deutet. Und jeder ist anders eingestellt. Diese Erfahrungen habe ich gemacht. Wichtig ist, dass am Ende das Ergebnis stimmt und das stimmt, wenn die richtige Intuition erlernt wurde. Hier empfehle ich, dass Sie es ohne Buch probieren und Ihr Gefühl aufschreiben und erst danach im Buch nachlesen, welche Antwort ich für die jeweilige Kombination gebe.

Wichtige Hinweise

Auf keinen Fall empfehle ich das Kartenlegen, wenn Sie sich schlecht fühlen oder gar depressiv sind. Hier würden Sie vieles negativ sehen und das wäre ein Nachteil für den Kunden. Der Kunde sollte doch nicht traurig nach Hause gehen. Natürlich ist das Voraussehen nicht nur positiv. Aber es ist vielleicht von Vorteil sich erst einmal auf das Positive zu konzentrieren.

Sagen Sie Ihren Kunden, dass das Kartenlegen nur ein Wegbegleiter ist, hier geht es nicht um die Wunscherfüllung. Sie können nur behilflich sein bei der Bewältigung schwieriger Situationen, aber Sie können keine Entscheidungen abnehmen. Viele Kunden wollen hier, dass der Kartenleger ihr Leben in die Hand nimmt. Das geht natürlich nicht. Jeder ist für sich selbst verantwortlich.

Ich zeige Ihnen anhand einfacher Beispiele und Handhabung wie Sie schnell Karten legen lernen können. Ich vermittle Ihnen die technischen Möglichkeiten. Es gibt viele unterschiedliche Arten von Lenormandkarten. Ich persönlich arbeite mit dem ASS-Blatt.

Ich erkläre Schritt für Schritt die Handhabung des Kartenlesens, egal ob es sich um den Bereich Liebe, Arbeit, Finanzen, Freunde handelt. Ich zeige Ihnen wie Sie erfolgreich mit dem Kartenlesen umgehen. Entscheidungen treffen die Fragenden selbst, darauf haben wir keinen Einfluss.

Aber sprichwörtlich heißt es auch:

Man kann das Blatt wenden. Das sollten wir auch so verstehen, denn wenn ich als Kartenlegerin jemanden sage, er würde eine falsche Entscheidung in einem bestimmten Bereich treffen, dann wäre die Person schlau dieses zu ändern, also sie kann das Blatt wenden, in dem sie die richtige Entscheidung treffen wird.

Oft werden wir auch gefragt über dritte und vierte Personen. Dieses geht uns nichts an. Hier sollten wir versuchen die Fragen abzulehnen. Sicherlich ist es möglich eine Antwort auf die Frage zur Nachbarin X oder Kollegin Y zu geben mit der 3er-Legung oder wie ich Einzelfragen am liebsten beantworte mit der 5er Kartenlegung. Aber dazu haben wir nicht die Erlaubnis der Person X oder Person Y.

Das „richtige Kartenlegen" ist nicht möglich mit reinem Auswendiglernen. Die Intuition muss hier vordergründig gesehen werden. Sie werden auch bemerken in meinen Beschreibungen, dass ich bei jede Karte mit jeder verschiedene Deutungsmöglichkeiten genannt habe. Es kann sich um etwas Positives, genauso aber auch um etwas Negatives handeln. Hier muss man intuitiv erkennen, um was es bei der Fragenden geht. Deshalb empfehle ich wirklich anfangs die Kleinlegungen zu probieren, um für das große Blatt fit zu sein.

Und nun viel Spaß beim Lernen des Kartenlegekurses mit den Lenormandkarten !!! Ich empfehle anfangs zur Übung der Intuition auf jeden Fall erst einmal zu beginnen mit einer Kurzlegung.

3er-Legung:

<u>Das bedeutet:</u> Sie stellen eine Frage zum Beispiel:

Wie geht es liebesmäßig bei mir weiter?

Dazu mischen Sie alle Karten und denken an Ihre Frage. Sie legen die Karten gefächert aus und ziehen mit links daraus drei Karten heraus.

Folgende Karten werden möglicherweise gezogen: *Sarg-Sonne-Blumen*

1. Karte links (Vergangenheit)   **SARG**
2. Karten Mitte (Gegenwart)   **SONNE**
3. Karte rechts (Zukunft)   **BLUMEN**

Deutung: Es gab in der Vergangenheit Schwierigkeiten oder besser, Schwierigkeiten sind schon überwunden (es wurde an Trennung gedacht), die Karte Sarg liegt aber in der Vergangenheit, im Moment fühlt man sich wohl in der Beziehung, schöpft Kraft (Karte Sonne) daraus, der Partner ist wie ein Geschenk für die Person, eine weiterhin zufriedene Partnerschaft also ist zu erwarten. Es kann jede Frage gestellt werden, egal aus welchem Themenbereich.

Wie geht es beruflich weiter?

Folgende Karten werden gezogen:

1. **Mann**
2. **Klee**
3. **Weg**

Deutung: Der Fragesteller (Karte Mann) steht vor kurzfristigen Entscheidungen.

Die 5er-Legung

Genau wie bei der 3er-Legung – nur eine Steigerung, etwas schwieriger

		1		
	4	2		5
		3		

1. Gegenwart – was im Kopf ist
2. Gegenwart – was im Herzen ist
3. Gegenwart – was nicht beachtet wird
4. Vergangenheit – was schon gewesen ist
5. Zukunft – das Endergebnis

Die große Tafel

Mischen Sie alle Karten bis Sie das Gefühl haben es war lang genug. Alle Karten werden der Reihe nach ausgelegt. Legen Sie jeweils 4 Reihen á 8 Karten aus, die restlichen 4 Karten werden unter die 3. bis 6. Karte der letzten Reihe gelegt.

1	2	3	4	5	6	7	8
9	10	11	12	13	14	15	16
17	18	19	20	21	22	23	24
25	26	27	28	29	30	31	32
		33	34	35	36		

Nachdem Sie ausgelegt haben betrachten wir das Kartenbild der Reihe nach. Wichtig ist hier wieder die Intuition, diese erlernen wir zunächst einmal mit der 3er-Legung, die ich zuvor schon beschrieben habe. Erst wenn diese gut klappt würde ich mit dem großen Blatt beginnen.

Wir suchen nach der Hauptpersonenkarte im großen Kartenblatt. Fragt eine Frau als Fragestellerin ist das die Karte #29, fragt ein Mann ist das die Karte #28. Betrachten Sie alle Richtungen um die Personenkarte herum, senkrecht, waagerecht, diagonal. Hier finden wir die Themen, die besonders wichtig sind für die Fragestellerin, wenn es sich um eine weibliche Person handelt. Übrigens werden bei schwulen Paaren die Karten Herr und Dame genauso verwertet. Die weiblich wirkende Person bekommt die Personenkarte Dame, die männlich wirkende Person bekommt die Personenkarte Herr für die Kartendeutung. Also alles wird ansonsten gleich gehandhabt.

Sie werden nun alle Lebensbereiche des Fragestellers erarbeiten. Hierfür brauchen wir keinerlei Informationen. Es gibt Kunden, die wollen sowieso nichts von sich preisgeben und sagen uns nur, sagen Sie mir was Sie sehen. Oder einfach nur ein Rundumblick. Das ist nicht ganz einfach, aber auch gut möglich.

Nun zu den 4 **unteren Karten der Reihe 5 des Kartenblattes**. Diese vier Karten sind Themen, die unmittelbar bevorstehen und was in Kürze zu erwarten ist. In Kürze sage ich innerhalb der nächsten 6 Wochen bis drei Monate.

Auslegungsweise der Lenormandkarten von 1 bis 36

1 Reiter	2 Klee	3 Schiff	4 Haus	5 Baum	6 Wolken	7 Schlange	8 Sarg
9 Blumen	10 Sense	11 Rute	12 Vögel	13 Kind	14 Fuchs	15 Bär	16 Sterne
17 Storch	18 Hund	19 Turm	20 Park	21 Berg	22 Weg	23 Maus	24 Herz
25 Ring	26 Buch	27 Brief	28 Mann	29 Frau	30 Lilie	31 Sonne	32 Mond
		33 Schlüssel	34 Fische	35 Anker	36 Kreuz		

Die Eckkarten

Die vier Karten in den Ecken des Kartenblattes geben uns weitere Themenhinweise. Hier liegen wichtige Karten zur Kartendeutung.

Deutung der Themenkarten

Um herauszufinden, wie die derzeitige Situation im abgefragten Bereich aussieht, betrachten Sie die direkt an die Themenkarte angrenzenden Karten. Hier bekommen wir nähere Auskünfte, wenn wir die Korrespondenzkarten betrachten (siehe Beschreibung später).

Die meisten Fragen beziehen sich auf die Liebe, hier suchen wir nach der Karte Herz im großen Kartenblatt beziehungsweise die Personenkarte Herr (wenn es um eine weibliche Fragestellerin geht) und schauen auf die umliegenden Karten.

Warnkarten:

Warnkarten sind nicht immer negativ zu deuten. Hier ist es allerdings besonders wichtig intuitiv zu deuten. Hier einige Warnkarten in der Übersicht.

Wolken	Schlechte Stimmung, auch Unklarheiten
Schlange	gefährliche Frau, Intrigantin, raffiniert, auch Umwege
Sense	Angriff, Aggression, Gefahr, auch plötzlich, überraschend
Ruten	Streitgespräch, auch Gespräche allgemein, gute Kommunikation
Sarg	Stagnation, Krankheit, nicht vorankommen
Vögel	Sorgen, Aufregung, auch Stress
Berg	Schwierigkeiten, Blockaden, auch Entfernung
Mäuse	Verlust, Angst, auch Verspätung
Fuchs	falsch, auch schlau

All diese Karten können auch Positives als Ergebnis mit sich bringen, je nachdem welche Karten angrenzend bzw. als Korrespondenzkarten ausliegen (wird später beschrieben).

Noch etwas Wichtiges über die Karte FUCHS

Eine besondere Warnkarte im Kartenblatt ist der Fuchs. Hier läuft etwas falsch, was das genau ist, ob es berechtigt ist, ob es sich wieder auflöst usw. erklärt sich aus den umliegenden Karten. Er kann auch beeinflussend sein und eher eine positive Aussage haben wie z.B. mit Sonne, Klee, Blumen…

Beispiele:

Sonne / Fuchs	der Schein trügt
Klee / Fuchs	falsches Glück
Blumen / Fuchs	jemand gibt sich nur freundlich, ist nicht wirklich freundlich
Hund / Fuchs	falsche Freunde

Wir schauen wohin der Fuchs im Kartenblatt schaut, um wissen worauf sich die Falschheit bezieht.

Männerkarten

Haus	Skatkarte Herz König
Wolken	Skatkarte Kreuz König
Fische	Skatkarte Karo König
Lilien	Skatkarte Pik König

Frauenkarten

Blumen	Skatkarte Pik Dame
Schlange	Skatkarte Kreuz Dame
Störche	Skatkarte Herz Dame
Weg	Skatkarte Karo Dame

Weitere Aussagen für 2er-Kartenkombinations-Beispiele

Vögel / Mäuse   Kummer oder Stress löst sich auf

Sense / Klee   plötzliches Glück

Ruten / Sonne   positive Kommunikation, Gespräche bringen Erfolg

Sarg / Mäuse   Stagnation löst sich auf

Vögel / Blumen   positive Aufregung z.B. Überraschungsbesuch

Berg / Turm   jemand aus dem Ausland

Schlange / Sonne   positive Umwege

Wolken / Schiff   eine Flugreise

Korrespondenzkarten

Jede Karte hat eine Korrespondenzkarte. Ich erkläre das immer so, dass es sich um den jetzigen Zustand handelt, an der die Ursprungskarte liegt und lege ich diese auf die Korrespondenzkarte, um weitere Aussagen hierzu zu finden, dann sage ich, handelt es sich um die Zukunft.

Wie finden wir die Korrespondenzkarten? Nachdem ich die ausführliche Erläuterung hier aufgeschrieben habe werde ich es anhand einer Tabelle unten noch einmal farblich kennzeichnen. Angenommen wir haben aus der ersten Reihe die Karte von Platz 2, dann korrespondiert diese mit der vierten Reihe, die vorletzte Karte, also Karte von Platz 31.

Haben wir die Karte 1 aus der zweiten Reihe (Kartenplatz 9), dann korrespondiert diese mit der letzten Karte aus der dritten Reihe, also Kartenplatz 24.

Und haben wir die Karte 5 aus der dritten Reihe (Kartenplatz 21), so korrespondiert diese mit der Karte 4 aus der zweiten Reihe (Kartenplatz 12).

Etwas schwieriger wird es mit den unteren vier Karten.

Die 1. untere Karte aus der fünften Reihe (Kartenplatz 33) wird in die vierte Reihe zur Karte 4 (Kartenplatz 28) gelegt, korrespondiert und zusätzlich noch mit der Karte 5 aus der ersten Reihe.

Die 2. Karte aus der 5. Reihe (Kartenplatz 34) wird in die Reihe 4 auf Platz 3 (Kartenplatz 27) gelegt, korrespondiert mit dieser und zusätzlich mit der Karte 6 der 1. Reihe (Kartenplatz 6).

Die 3. Karte wird auf die 6. Karte der 4. Reihe gelegt (Kartenplatz 30) und zusätzlich korrespondiert sie mit der Karte 3 (Kartenplatz 3) aus der 1. Reihe.

Die letzte Karte (Kartenplatz 36) wird auf die Karte 5 der 4. Reihe (Kartenplatz 29) gelegt und korrespondiert zusätzlich mit der Karte 4 der 1. Reihe (Kartenplatz 4).

1	2	3	4	5	6	7	8
9	10	11	12	13	14	15	16
17	18	19	20	21	22	23	24
25	26	27	28	29	30	31	32
		33	34	35	36		

Einzelkartenbedeutungen

01 - Der Reiter

Schlüsselworte	Nachricht ist unterwegs, Aktivität, schnell
Eigenschaften	körperlich beweglich, aktiv, dynamisch
Personenkarte	Liebhaber (in Kombination mit Lilie)
Gesundheit	Gelenke

02 - Der Klee

Schlüsselworte	kleines Glück, Hoffnung, Positives, kurzfristig
Eigenschaften	positive Dinge
Gesundheit	kleine Krankheit, von kurzer Dauer
Zeit	3-7 Tage, halbiert andere Zeitkarten, Jahreszeitenbeginn

03 - Das Schiff

Schlüsselworte	Reise, Bewegung, Sehnsucht, Handel
Eigenschaften	etwas auf sich zukommen lassen, abwartend, viel unterwegs sein
Gesundheit	Entgiftungsorgane (Leber, Galle etc.)

04 - Das Haus

Schlüsselworte	Heim, Familie, Wohlstand, Beständigkeit, öffentliches Gebäude
Eigenschaften	verlässlich
Gesundheit	seelischer, geistiger und physischer Körper

05 - Der Baum

Schlüsselworte	Gesundheit, Leben, etwas Dauerhaftes
Eigenschaften	zuverlässig, fest im Leben stehend, ruhig
Zeit	9-12 Monate

06 - Die Wolken

Schlüsselworte	Unklarheiten, Krisen
Eigenschaften	unentschlossen, unausgeglichen, depressiv
Personenkarte	bei getrennten Partnern der Ex-Mann
Gesundheit	Atemwege, Psyche
Zeit	Herbst

07 - Die Schlange

Schlüsselworte	Umwege, Verwicklungen, Verstrickung, Verführung
Eigenschaften	raffiniert, hinterhältig
Personenkarte	Kombination mit Herz Geliebte
Gesundheit	Darm

08 - Der Sarg

Schlüsselworte	Stagnation, Krankheit, etwas beenden
Eigenschaften	traurig, abwartend, mit Mond depressiv
Gesundheit	Krankheit

09 - Die Blumen

Schlüsselworte	Freude, Geschenk, Glück, junge schöne Frau
Eigenschaften	freundlich, zuvorkommend, heiter
Personenkarte	bei vorhandenen Kindern Tochter, schöne Frau
Gesundheit	alternative Heilformen, gutartiges Gewächs
Zeit:	Frühling

10 - Die Sense

Schlüsselworte	unerwartet, plötzlich, Aggression, Warnung, Gefahr
Eigenschaften	spontan, impulsiv, unerwartet, aggressiv
Gesundheit	Verletzungsgefahr, Gebiss

11 - Die Ruten

Schlüsselworte	Gespräche aller Art, auch Streit
Eigenschaften	kommunikativ, gesprächig, streitbar
Gesundheit	Stimme, Knochen
Anzahl	2

12 - Die Vögel

Schlüsselworte	Aufregung, Stress, Zweifel, Sorgen
Eigenschaften	aufgeregt, nervös, gestresst
Gesundheit	Nerven
Anzahl	2

13 - Das Kind

Schlüsselworte	Neubeginn, Anfang, klein
Eigenschaften	unerfahren, naiv, natürlich
Personenkarte	Ungeborenes, das jüngere Kind
Gesundheit	etwas Kleines, geringfügig, Kinderkrankheit

14 - Der Fuchs

Schlüsselworte	Falschheit, Intrigen, List, schlau, unehrlich, Betrug
Eigenschaften	lügen, Verheimlichung, auch sich selbst belügen, sich was vormachen
Gesundheit	Hals
Zeit	falscher Zeitpunkt

15 - Der Bär

Schlüsselworte	Macht, Eifersucht, Dominanz, Neid, alt, lang andauernd,
Eigenschaften	eifersüchtig, dominierend, mächtig
Personenkarte	Mutter
Gesundheit	bei Krankheit etwas Altes, was schon länger besteht, sonst langes Leben
Zeit:	ca. 15 Jahre

16 - Die Sterne

Schlüsselworte	Klarheit, Hellsichtigkeit, Erfolg, höchste Glückskarte
Eigenschaften	etwas wird klar, glücklich, evtl. erkaltet
Gesundheit	Haut
Zeit	Dämmerung bis Nacht

17 - Die Störche

Schlüsselworte	Veränderung, Bewegung, Umzug
Eigenschaften	aktiv, flexibel, schwankend
Gesundheit	Beine

18 - Der Hund

Schlüsselworte	Freunde, Bekannte, Vertrauen, Treue
Eigenschaften	zuverlässig, treu, vertrauensvoll
Personenkarte	bei vorhandenen Kindern der Sohn, ein Freund
Gesundheit:	Mund, Hals

19 - Der Turm

Schlüsselworte	Behörde, Institution, Karriere, Einsamkeit, Selbständigkeit
Eigenschaften	distanziert, einsam, stellt etwas dar
Gesundheit	Wirbelsäule

20 - Der Park

Schlüsselworte	Öffentlichkeit, Kundschaft, Veranstaltung
Eigenschaften	kontaktfreudig, auf andere zugehend, gesellig
Zeit	ca. 3 Monate
Gesundheit	After

21 - Der Berg

Schlüsselworte	Blockade, Entfernung, Ausland
Eigenschaften	blockiert, distanziert, abweisend, stur
Gesundheit	Kopf

22 - Der Weg

Schlüsselworte	Entscheidung, 2 Möglichkeiten
Eigenschaften	entscheidungsfreudig, entschlossen
Gesundheit	Adern, Venen, Lymphknoten
Zeit	1 bis 1,5 Monate

23 - Die Mäuse

Schlüsselworte	Etwas nagt, Verlust, Angst, Diebstahl
Eigenschaften	traurig, unzufrieden, unsicher, ängstlich
Gesundheit	Verdauungsorgane
Zeit	Zeitverlust, Verspätung

24 - Das Herz

Schlüsselworte	Liebe, Gefühl, das Herz, Glück
Eigenschaften	liebend, herzlich, liebevoll, positiv eingestellt
Personenkarte	in Kombination mit Schlange Geliebte
Gesundheit	Herz, Blut

25 - Der Ring

Schlüsselworte   Vertrag, feste Bindung, Ehe
Eigenschaften   sich gebunden fühlen, sich wiederholen
Gesundheit   Andauerndes, chronisch

26 - Das Buch

Schlüsselworte   Unbekanntes, Geheimnis, Verlag, Lehrbuch, Studium
Eigenschaften   geheimnisvoll, verschlossen, gebildet
Gesundheit   Unterbewusstsein

27 - Der Brief

Schlüsselworte   Dokumente, Nachricht
Eigenschaften   oberflächlich
Gesundheit   Gedanken, mit Sarg Krankmeldung

28 - Der Mann

Schlüsselworte   Fragesteller oder Partner, Herzensmann
Eigenschaften   männlich
Gesundheit   Geschlechtsmerkmale

29 - Die Frau

Schlüsselworte	Fragestellerin oder Partnerin, Liebespartnerin
Eigenschaften	weiblich
Gesundheit	Geschlechtsmerkmale

30 - Die Lilien

Schlüsselworte	Familie, Harmonie, Sexualität, Fehler
Eigenschaften	Harmonie liebend, familiär, sexuell interessiert, einen Fehler machen
Personenkarte	neuer Mann, eventuell Affäre
Gesundheit	gynäkologischer oder urologischer Bereich, Hormone
Zeit	Winter

31 - Die Sonne

Schlüsselworte	Glück, Optimismus, Energie, Stärke, Kraft
Eigenschaften	optimistisch, glücklich, sonniges Gemüt, energiegeladen
Gesundheit	Augen
Zeit	Sommer

32 - Der Mond

Schlüsselworte	Gefühle, Medialität, Traum, Unterbewusstsein
Eigenschaften	gefühlvoll, sensibel, intuitiv
Gesundheit	psychosomatisch, medial
Zeit	Abend, ca. 2 Monate

3 - Der Schlüssel

Schlüsselworte	Sicherheit, Erfolg, Lösung
Eigenschaften	erfolgreich, zuverlässig, sicher, entschlüsselt
Gesundheit	Minerale, Vitamine, Eisenmangel

4 - Die Fische

Schlüsselworte	Finanzen, Reichtum, Besitz, Werte, Unterbewusstsein, Seele
Eigenschaften	Materielles liebend, sensibel, intuitiv
Personenkarte	materiell eingestellter Mensch
Gesundheit	Blase, Niere

5 - Der Anker

Schlüsselworte	Arbeit, Beruf, Sicherheit, Verfestigung, Fleiß
Eigenschaften	zuverlässig, fleißig, vertrauensvoll, verankert, klammernd
Gesundheit	Becken, Hüfte

6 - Das Kreuz

Schlüsselworte	Leid, Karma, Lebensabschnitt
Eigenschaften	Bekräftigung der umliegenden Karten
Gesundheit	Bandscheiben, unterer Rückenbereich
Zeit:	ca. 2-3 Wochen

Schlüsselworte alphabetisch

Anker	Arbeit, Beruf, Sicherheit, Verfestigung, fleißig, zuverlässig
Bär	mächtig, ältere Person, Mutter, Eifersucht, dominierend, Neid
Baum	Gesundheit, Leben, lang andauernd
Berg	Blockade, distanziert, abweisend, stur, weit entfernt
Blumen	Freude, Geschenk, schöne Frau, freundlich, zuvorkommend, heiter
Brief	Unterlagen, Neuigkeit, kontaktfreudig, evtl. oberflächlich
Buch	unbekannt, Geheimnis, Verlagswesen, Studium, verschlossen, gebildet
Fische	Geld, Finanzen, Unterbewusstsein, Person materiell orientiert, sensibel, intuitiv
Frau	Fragestellerin, Partnerin, Liebespartnerin
Fuchs	falsch, Intrigen, schlau, auch sich selbst belügen, sich was vormachen
Haus	Heim, Familie, je nach Kombination öffentliches Gebäude, zuverlässig
Herz	Liebe, Gefühl, herzlich, liebevoll
Hund	Freunde, Bekannte, Sohn, vertrauensvoll, zuverlässig, treu
Kind	Neubeginn, Anfang, naiv, unerfahren
Klee	kleines Glück, positive Einstellung
Kreuz	Schicksal, geschieht auf jeden Fall, kurzes Leid
Lilie	Familie, Harmonie, Sexualität, familiär, harmoniebedürftig, sexuell orientiert
Mann	Fragesteller, Partner, Herzensmann
Mäuse	etwas Negatives, Verlust, Angst, unsicher, unzufrieden, zerrissen
Mond	Gefühle, Medialität, sensibel, intuitiv
Park	Öffentlichkeit, Treffen, Kundschaft, auf andere zugehen, gesellig
Reiter	körperlich beweglich, aktiv, dynamisch
Ring	Vertrag, feste Bindung, Ehe, sich gefunden fühlen, sich wiederholen
Ruten	Gespräche, evtl. Streit, Person kann gut reden, kommunikativ
Sarg	Stagnation, Kummer, abwartend, langweilig, traurig, es bleibt wie es ist
Schiff	Reise, Bewegung, etwas auf sich zukommen lassen, viel unterwegs sein
Schlüssel	Sicherheit, Erfolg, zuverlässig, etwas geschieht mit Sicherheit
Sense	Gefahr, plötzlich, unerwartet, Verletzung, impulsiv, angriffslustig
Schlange	Umwege, Verwicklungen, raffiniert, weibliche Person
Sonne	Glück, Optimismus, viel Kraft/Energie, positive Einstellung
Sterne	Klarheit, Spiritualität, höchste Glückskarte
Störche	Veränderung, Bewegung, Schwangerschaft in Verbindung Kind/Lilie
Turm	Behörde, Institution, Karriere, Grenze, Distanz, sich einsam fühlen, Trennung
Vögel	Aufregung, Stress, Ärger, evtl. Kummer, nervös
Weg	Entscheidung wird getroffen, es gibt 2 Möglichkeiten evtl.
Wolken	Unklarheiten, unausgeglichen, ambivalent, undurchsichtig

Personen und Eigenschaften

Bär	Ältere Person
Blumen	charmante, liebenswürdige Frau
Buch	jemand, der noch nicht bekannt ist
Fische	materiell eingestellter Mann
Frau	Hauptpersonenkarte Frau
Fuchs	gerissene Person, verdeckt arbeitend
Haus	freundlicher, erfahrener Mann
Herz	jüngerer, optimistischer Mann
Hund	Freund, Bekannter; als Kind ein Sohn
Kind	Kleinkind
Lilie	neuer Mann, eventuell. Affäre (mit Reiter)
Mann	Hauptpersonenkarte
Park	Gesellschaft, mehrere Personen, Umfeld
Reiter	jüngerer Mann, Liebhaber (mit Lilie)
Ring	Verein, Gesellschaft
Ruten	redegewandter, jüngerer Mann
Sense	eher jüngerer, unreifer Mann, auch aggressiv, energisch
Schlange	reife Frau, mit dem Herz Geliebte
Störche	eine weiche liebevolle Frau
Turm	selbständig arbeitend, führende Position (mit Anker)
Vögel	Zwei ältere Menschen
Wolken	ein undurchschaubarer Mann, bei Trennung „Exmann"

Krankheitszuordnungen

Anker	Becken, Hüfte
Bär	bei Krankheit: chronisch; sonst langes Leben
Baum	die Gesundheit allgemein gemeint
Berg	Kopf
Blumen	alternative Heilformen, evtl. Gewächs
Brief	Befund
Buch	noch nicht bekannt
Fische	Blase, Niere, mit Wolken: Stoffwechsel
Fuchs	Hals
Haus	Körper allgemein
Herz	Herz, Blut
Hund	Mund, Hals
Kind	etwas Kleines (Geringfügiges), evtl. Kinderkrankheit
Klee	Krankheit von kurzer Dauer, kleine Krankheit
Kreuz	Bandscheiben, unterer Rückenbereich
Lilie	gynäkologischer, urologischer Bereich, Hormone
Mann	urologischer Bereich
Mäuse	Verdauungsorgane, Magen-Darm
Mond	psychosomatisch
Park	After
Reiter	Gelenke
Ring	andauerndes, chronisch
Ruten	Stimme/Knochen
Sarg	Krankheit
Schiff	Entgiftungsorgane, Leber, Galle
Schlüssel	Eisenmangel
Sense	Verletzungsgefahr, Gebiss
Schlange	Darm
Sonne	Augen
Sterne	Haut
Störche	Beine
Turm	Wirbelsäule
Vögel	Nerven
Weg	Adern, Venen
Wolken	Atemwege, Psyche
Anker	fest sitzend

Zeitkarten

Bär	15 Jahre
Baum	9-12 Monate
Blumen	Frühling
Kind	Jahreszeit-Anfang
Klee	3-7 Tage
Kreuz	2-3 Wochen
Lilie	Winter
Mäuse	Verzögerung
Mond	2 Monate
Park	3 Monate
Ring	7 Jahre
Ruten	Anzahl: 2
Sonne	Sommer
Störche	Anzahl: 2
Vögel	Anzahl: 2
Weg	1 bis 1,5 Monate
Wolken	Herbst

Und nun jede Karte mit jeder in 2er Kombinationen beschrieben

REITER (1) Unternehmen - Aktivitäten - Nachrichten

Klee	Freudige Nachricht - Glücksbote
Schiff	etwas kommt auf einen zu, kann auch jüngerer Mann sein
Haus	Post kommt ins Haus bzw. Nachrichten werden übermittelt
Baum	Vorwärtskommen im Leben, bezüglich Gesundheit: Beinprobleme
Wolken	unklare Nachrichten – Unsicherheit
Schlange	Vorwärtskommen auf Umwegen
Sarg	Ruhephase, im Weiterkommen gehindert, keine Bewegung
Blumen	erfreulicher Besuch, männliche Person bringt ein Geschenk/Blumen
Sense	spontane Unternehmungen
Ruten	erfolgreiche Verhandlungen, Diskussionen, Kontakte knüpfen
Vögel	Aufregung, 2 Möglichkeiten
Kind	Neuigkeiten - Neuanfang
Fuchs	Falsche Unternehmungen – falsche Bewegung
Bär	Unternehmung mit älterer Person (Mutter)
Sterne	Mitteilung aus der Geistigen Welt – Klarheit kommt
Störche	Änderung des Zieles – Veränderung allgemein

REITER (1) Unternehmen - Aktivitäten - Nachrichten

Hund	Unternehmungen mit Freunden
Turm	Behördennachricht
Park	unterwegs zu einer Gesellschaft – in der Öffentlichkeit
Berg	Ausland – Schwierigkeiten im Vorwärtskommen
Weg	2 Möglichkeiten – sich auf den Weg machen
Mäuse	keine Aktivität (z. B. Sport) - Verzögerungen
Herz	Liebeserklärung - liebevoll – leichten Herzens vorangehen
Ring	Vertrag – im Kreis bewegend
Buch	geheime Aktivität
Brief	Nachrichten sind unterwegs
Mann	jüngerer Mann – sportlich - aktiv – selbstbewusst - flexibel
Frau	vielseitig interessiert – aktiv – sportlich - selbstbewusst
Lilie	aktive Sexualität – harmoniebedürftig - familienorientiert
Sonne	positives Denken
Mond	gefühlvoll
Schlüssel	siegessicher – mit Sicherheit
Fische	Erbschaft – Geldüberweisung – positive Geldangelegenheiten
Anker	Arbeitsangebot – feste Verbindung
Kreuz	Kummer kurzzeitig

KLEE (2) *Glück - Hoffnung - Positives*

Reiter	kleines erfreuliches Ereignis
Schiff	Kurzreise – Ausflug – schöne Reise
Haus	Positives im häuslichen Bereich - freudige Botschaft
Baum	neues Lebensglück – für Gesundheitsbereich kurze Krankheit
Wolken	kurzfristige Unklarheiten – Einstellung ändern
Schlange	Glück über Umwege
Sarg	kurze Krankheit – Ruhephase – müde – schlapp - Unwohlsein
Blumen	kleine Überraschung - Freude
Sense	unerwartet positives Ereignis
Ruten	Diskussionen – nette Gespräche
Vögel	kurze Aufregung
Kind	kleines Glück - Neuanfang
Fuchs	Falschheit – jemanden was vormachen – falscher Frohsinn
Bär	Diplomatie angeraten – Glück mit der Mutter
Sterne	Glückssträhne – Astralreisen - Klarheit
Störche	positive Veränderung – Veränderung nicht auf Dauer

KLEE (2) *Glück - Hoffnung - Positives*

Hund	Spaß mit Freunden
Turm	Institution – kleine Behörde
Park	positive Gesellschaft – Positives in der Öffentlichkeit
Berg	kurzfristige Blockade – weiter weg z. B. Ausland kurzzeitig
Weg	kurzfristige Entscheidung – richtige Entscheidung in kurzer Zeit
Mäuse	kleiner Kummer - zeitverzögert – geringer Verlust
Herz	kleine Freude in Herzensdingen
Ring	kurze Verbindung – Zeitvertrag – Vertrag von kurzer Dauer
Buch	kleines Geheimnis – Weiterbildung – noch unbekanntes Glück
Brief	positive Nachricht
Mann	positiver Einfluss von männlicher Person – Glück bringend
Frau	positiver Einfluss von weiblicher Person – Glück bringend
Lilie	Harmonie von kurzer Dauer – glückliche Familie
Sonne	Besserung der Situation – kurzfristige Glückssträhne
Mond	kurze Anerkennung – positiver Gefühlsbereich
Schlüssel	Glück mit Sicherheit
Fische	vorübergehend positive Finanzen
Anker	Kurzarbeit – Zeitarbeit – kurzfristig berufliches Glück
Kreuz	Leid geht vorüber – schicksalhaft – es soll so sein

SCHIFF (3) *Reise - Reichtum - Sehnsucht - Handel*

Reiter	viel unterwegs – Kurzreise – auf einen zukommend
Klee	Ausflug - Kurzurlaub
Haus	Umzug - Heimreise
Baum	Lebensreise
Wolken	Flugzeug – Unklarheiten bezüglich einer Reise
Schlange	Reise über Umwege
Sarg	keine Reise derzeit – Medium
Blumen	Reise geschenkt bekommen – traumhafte Reise
Sense	nicht geplante Reise – schnelles Auto
Ruten	Urlaubsgespräche
Vögel	2 Reisen – zweifelhafte Reise – Aufregung auf einer Reise
Kind	Kind geht aus dem Haus – Reisen mit Kindern - Kurzreise
Fuchs	falscher Zeitpunkt für eine Reise
Bär	beneidet werden um diese Reise – Reise mit der Mutter
Sterne	Klarheit kommt während einer Reise – positive Reise
Störche	Veränderung durch eine Reise – Auswandern - Reisepläne

SCHIFF (3) *Reise - Reichtum - Sehnsucht - Handel*

Hund	Reise mit Freunden
Turm	Reisebüro
Park	Kur - Reisegesellschaft
Berg	Auslandsreise – Reise mit Schwierigkeiten – belastende Reise
Weg	Entscheidung wird kommen – Reiseentscheidungen – 2 Reisen
Mäuse	Reise findet nicht statt - Verspätungen
Herz	Hochzeitsreise – Reisefreude – Liebe kommt auf einen zu
Ring	Reise buchen – fester Vertrag kommt
Buch	Bildungsreise – Reise noch nicht spruchreif
Brief	Reiseunterlagen
Mann	Mann kommt auf einen zu – Urlaub mit einem Mann
Frau	Frau nicht beeinflussbar, lässt alles auf sich zukommen
Lilie	Familienreise – harmonische Reise – Sexualität gefühlvoll
Sonne	Reise in den Süden – erfolgreiche Reise
Mond	Meditation – tiefe Gefühle
Schlüssel	Reise findet mit Sicherheit statt – Reise bringt Erfolg/Sicherheit
Fische	Kreuzfahrt – Geld kommt auf einen zu – Finanzen verbessern sich
Anker	Geschäftsreise – Arbeitsangebot - Reisebüro
Kreuz	schicksalhafte Reise

HAUS (4) Zuhause - Wohlstand - Gelingen - beständig

Reiter	Aktivitäten im Haus - Gastfreundlichkeit
Klee	Zufriedenheit im häuslichen Bereich – kleineres Haus
Schiff	Hauskauf – Wunsch nach einem Haus - Hausboot
Baum	Wohnsitz dauerhaft – Haus fürs Leben – Haus im Grünen
Wolken	Unklarheiten im häuslichen Bereich
Schlange	Haus über Umwege erhalten – Verwicklungen im häuslichen Bereich
Sarg	Krankenhaus – Altenheim – schlechte Bausubstanz des Hauses
Blumen	Haus mit Garten – wunderschönes Haus
Sense	plötzlich ein Haus bekommen – Aggressionen im Haus
Ruten	Streitgespräche im Haus oder bezüglich des Hauses
Vögel	Zweitwohnung – Aufregung im häuslichen Bereich
Kind	Kinder im Haus – kleines Haus – neu gebautes Haus
Fuchs	Haus entspricht nicht den Bedürfnissen „falsche Haus" Umzug besser
Bär	Altbau – wohlhabende Familie – altes Haus
Sterne	viele Häuser/Wohnungen – Glück im Haus
Störche	Veränderungen im Haus vornehmen (Renovierung, Umbau)

HAUS (4) Zuhause - Wohlstand - Gelingen - beständig

Hund	Freunde im häuslichen Umfeld – gastfreundliches Haus
Turm	Hochhaus – einsam im Haus - Fabrik
Park	Wohnanlage – großes Haus mit Garten – für Öffentlichkeit zugänglich
Berg	Haus im Ausland – Schwierigkeiten im häuslichen Bereich
Weg	Entscheidung für ein Haus – Umzugsentscheidung – 2 Möglichkeiten
Mäuse	Diebstahl – Hausverlust – jemand geht aus dem Haus (z. B. Kind)
Herz	sein Zuhause lieben – sich wohlfühlen – glücklich zu Hause
Ring	Hauskauf – Mietvertrag – Kaufvertrag für Immobilien
Buch	im Geheimen Hauswunsch – noch unbekanntes Haus – Schule/Uni
Brief	Nachricht bezüglich des Hauses
Mann	Hausmeister – Hausherr – Gedanken an Wohneigentum - ist häuslich
Frau	Hausfrau – Gedanken an Wohneigentum - ist häuslich
Lilie	Familienbesitz – harmonische Familie
Sonne	Glück/Zufriedenheit im Haus – Sommerhaus – gute Voraussetzungen
Mond	anfälliges Haus
Schlüssel	Haus auf Dauer – Sicherheitsschlüssel – fertiges Haus
Fische	Baufinanzierung – Finanzen reichen für ein Haus – gute Investition
Anker	Zuhause arbeiten – starke Verbundenheit zum Haus (Elternhaus?)
Kreuz	**schicksalhaftes** Haus

BAUM (5) *Gesundheit - etwas Dauerhaftes - auf Lebenszeit*

Reiter	aktiver Mensch
Klee	Lebensglück
Schiff	Lebensreise – lange Reise
Haus	dauerhafter Wohnsitz – lebenslang im Haus wohnen
Wolken	Grübeltendenz – Unklarheiten – leicht depressiv
Schlange	Magen-Darm-Probleme
Sarg	Krankheit – seelische Belastungen
Blumen	Gesundheitsvorsorge – Geschwür – aber auch lebensfroh
Sense	Zahnkontrolle empfohlen
Ruten	Behandlung mit Gesprächstherapie
Vögel	Aufregung bezüglich der Gesundheit, innerliche Schwankungen
Kind	neuer Lebensabschnitt – kleine Krankheit
Fuchs	Warnung bezüglich falscher Lebensweise (Änderung notwendig)
Bär	hohes Lebensalter erreichen
Sterne	mediales Haus – glückliches Leben – Augen überprüfen lassen
Störche	Lebensveränderung

BAUM (5) *Gesundheit - etwas Dauerhaftes - auf Lebenszeit*

Hund	Lebensberater – lebenslange Freundschaft
Turm	Einsamkeit – hohes Alter – Krankenhaus – Selbständigkeit auf Dauer Institution bezüglich der Gesundheit - Rückenprobleme
Park	Kurheilstätte – gesundheitliche öffentliche Einrichtung
Berg	Blockaden – Erschwerte Lebenslage – hindernisreiches Leben – gesundheitliche Schwierigkeiten
Weg	Lebensentscheidung – langer Weg - Lebensweg
Mäuse	gesundheitliche Probleme (nicht seelisch bedingt)
Herz	lebenslange Liebe - glückliches Leben - Gesundheit: aufs Herz achten
Ring	Partner fürs Leben – Lebensbindung – stabile Beziehung
Buch	Lebensgeheimnis – immer wieder neu lernen – Krankheit unbekannt
Brief	Nachricht über Krankheit - Attest
Mann	Lebenspartner
Frau	Lebenspartnerin
Lilie	Krankheit im gynäkologischen Bereich - Unterleibsbereich
Sonne	stabile sehr gute Gesundheit – sonniges Gemüt
Mond	Neigung zu Depressionen
Schlüssel	abgesichertes Leben – Gesundheit: Eisenmangel
Fische	ausreichend Geld lebenslang
Anker	sichere Arbeitsplatz – Arbeit auf Dauer - Berufung
Kreuz	Rückenprobleme – kurzes Leid

Wolken (6) Unklarheiten - Krisen - Ex-Mann/-Frau

Reiter	Person verträgt nichts Negatives – gefühlsmäßig angeschlagen Sorgenbringende Nachricht
Klee	Negatives nur vorübergehend – kurzfristige Unklarheiten
Schiff	Unklarheiten bezüglich einer Reise
Haus	Unklarheiten bezüglich des Hauses
Baum	Unklarheiten bezüglich der Gesundheit – auf Gesundheit achten
Schlange	den Überblick verlieren – schwierige Frau - undurchschaubar
Sarg	unklarer Befund – Krankheit zieht sich hin – psychische Probleme
Blumen	Geschwür/Gewächs – Ergebnis unklar
Sense	kein Risiko eingehen, es könnte weh tun – umsichtig sein
Ruten	nutzlose Gespräche, die bedrücken – Vorsicht vor Provokation
Vögel	Tratsch – anhaltende Sorgen – Aufregung durch Unklarheiten
Kind	labiles Kind – Kinderwunsch – Streit um Kleinigkeiten
Fuchs	Falschheit – wie vor einer gläsernen Wand - Mobbing
Bär	schwankende Stabilität
Sterne	Suchtgefahr – Negatives verschwindet - Astralreisen
Störche	unklare Veränderungen

Wolken (6) Unklarheiten - Krisen - Ex-Mann/-Frau

Hund	belastete Freundschaft – Unklarheiten im Freundeskreis
Turm	man kann nicht wie man will –Gefühl eingesperrt zu sein
Park	Unklarheiten in der Öffentlichkeit – zwielichtige Gesellschaft
Berg	anhaltende Schwierigkeiten – unlösbare Blockaden
Weg	unentschlossen – Unklarheiten bezüglich Entscheidung
Mäuse	schwere Krankheit – kein Ausweg in Sicht
Herz	unerwiderte Liebe – Kummer in Herzensangelegenheit
Ring	Unklarheiten in der Beziehung – Unklarheiten bezüglich Vertrag
Buch	unbewusste Probleme – undurchsichtig - verschlossen
Brief	unklare Nachrichten – schlechte Kommunikation
Mann	Unklarheiten in der Beziehung - undurchschaubar
Frau	Unklarheiten in der Beziehung - undurchschaubar
Lilie	sexuelle Probleme – Familienprobleme - Unterleibskrankheit
Sonne	geschwächte Energie
Mond	unklare Gefühle – depressive Stimmung – Gefühlsschwankungen
Schlüssel	unselbständig - Unsicherheit
Fische	materielle Unklarheiten – Geldsorgen – steigende Ausgaben
Anker	berufliche Unklarheiten – bedrückendes Arbeitsverhältnis
Kreuz	Unklarheiten nicht lang anhaltend – Diagnose unsicher

SCHLANGE (7) Falschheit - Umwege - Verführung - Versuchung

Reiter	Vorwärtskommen auf Umwege – verführerische Person
Klee	für kurze Zeit Verwicklungen
Schiff	Reise über Umwege
Haus	nach Hause mit einem Umweg
Baum	Umdenken in der Lebensweise – Gesundheitsbereich: Darm
Wolken	unzufriedene Frau
Sarg	nimmt Anderen Kraft – keine Verführung
Blumen	schöne Frau, die nicht zu unterschätzen sein sollte
Sense	gefährliche Frau – Feindin/Rivalin – aggressive Frau, Vorsicht
Ruten	redegewandte Frau – Quatschtante – drum herum reden
Vögel	ältere Frauen – 2 Frauen – Stress mit einer Frau/Rivalin
Kind	naive Frau, aber trotzdem raffiniert im kleinen Rahmen
Fuchs	geschickte Lügnerin – unnötige Umwege
Bär	Mutter, Großmutter – Frau hat viel zu sagen (z. B. Chefin)
Sterne	spirituelle Frau – Astrologin – Klarheit über Umwege
Störche	Veränderung durch weibliche Person

SCHLANGE (7) *Falschheit - Umwege - Verführung - Versuchung*

Hund	Freundin, aber hinterhältig
Turm	einsame Frau – Frau zieht sich zurück - Behördenproblem
Park	Frau, die sich in der Öffentlichkeit gut präsentieren kann
Berg	blockiert durch Verwicklungen - durchschlängeln
Weg	neue Richtung suchen – Entscheidung bezüglich einer Frau
Mäuse	Verwicklungen lösen sich – Magen-Darm-Problem - Ängste
Herz	eine Geliebte
Ring	Vertragsprobleme – Frau stört in der Ehe
Buch	gebildete Frau – zurückhaltend – sagt nicht alles was sie denkt
Brief	Nachrichten über Umwege
Mann	eine Frau wird für den Mann eine Gefahr/Verführung
Frau	raffinierte Frau – Frau muss etwas verändern
Lilie	Sexualität – verwickelte familiäre Beziehung
Sonne	Kraft und Energie über Umwege – Klärung von Verwicklungen
Mond	mediale Frau – Anerkennung - Gefühlsschwankungen
Schlüssel	Raffinesse zahlt sich aus (erfolgreich)
Fische	finanziell durchmogeln
Anker	berufliche Verstrickungen - Arbeitskollegin
Kreuz	kurzzeitiger Kummer – Belastungen

SARG (8) Stillstand - Stagnation - Krankheit - beenden

Reiter	keine Unternehmung – Attest bezüglich Krankheit
Klee	Kummer von kurzer Dauer – kleine Pause
Schiff	krank auf einer Reise – Reise wird nicht stattfinden
Haus	erblich bedingte Krankheit – unwohl fühlen im Haus
Baum	Krankheit – Gesundheit in Gefahr – nicht weiter kommen
Wolken	depressive Verstimmung – Unklarheiten bezüglich einer Krankheit
Schlange	auf Erbschaft bedachte Frau – Umwege sind nicht möglich
Blumen	Heilung auf Naturheilbasis – Geschwür möglich
Sense	plötzliche Krankheit – plötzliches Ende
Ruten	keine Aussprache – sprachgehemmt – nicht reden wollen
Vögel	Aufregung wegen einer Krankheit
Kind	Kinderkrankheit – kleine Krankheit – direkt vor einem Neubeginn
Fuchs	Falschmeldung bezüglich Krankheit – begriffsstutzig – nicht krank
Bär	Mutter ist krank/geschwächt – chronische Krankheit (altbekannt)
Sterne	medial – religiös – Hautkrankheit - Augenkrankheit
Störche	Veränderung bezüglich Krankheit - Beinprobleme

SARG (8) Stillstand - Stagnation - Krankheit - beenden

Hund	keine Freunde – Freundschaft eingeschlafen/ruht
Turm	Wirbelsäulenkrankheit – Einsamkeit - Trennung
Park	Kuraufenthalt - Zwangspause
Berg	Genesung blockiert – keine Heilung
Weg	keine Entscheidungen, sich auf den Weg machen, Lebensende
Mäuse	Verlust der Krankheit (Genesung) – Magen-Darm-Krankheit
Herz	Ende einer Liebesbeziehung – Liebesleid - Herzkrankheit
Ring	nur eingeschlafene Beziehung, noch nicht zu Ende
Buch	noch nicht entdeckte Krankheit
Brief	Krankschreibung – Befund – Dokumente bezüglich Krankheit
Mann	kraftlose Person – langweilig – kranker Mann
Frau	kraftlose Person – langweilig – kranke Frau - Frauenkrankheit
Lilie	gynäkologische Krankheit, kein sexuelles Interesse, Hormonproblem Keinen Kontakt zur Familie
Sonne	kraftlos – Augenkrankheit – Genesung durch Meditation oder Gebet
Mond	gemütskrank
Schlüssel	Eisenmangel – Sicherheit fehlt – festgefahren
Fische	Blase-Niere krank – Finanzen bleiben wie sie sind - Geldprobleme
Anker	keine Arbeit – Arbeit im medizinischen Bereich – Krankheit
Kreuz	totaler Verlust, kein Tod – Krankheit – Leid

BLUMEN (9) Glück - zufrieden - Geschenk - schöne Frau

Reiter	Einladung – schönes Geschenk
Klee	Geschenk was gefällt – gelungene Überraschung - Freude - Glück
Schiff	Reisegutschein – erfreuliche Reise
Haus	schönes Haus – Freude Zuhause – sich wohlfühlen
Baum	gute Gesundheit – Naturheilmittel – eventuell auch Geschwür
Wolken	Unklarheiten werden gelöst
Schlange	raffinierte Frau – Erfolg über Umwege
Sarg	Krankenschwester – Traurigkeit – kein Geschenk
Sense	plötzliche Überraschung
Ruten	schöne Gespräche – Smalltalk - Gratulation
Vögel	aufregendes Geschenk
Kind	junge schöne Frau – jünger wirkende Frau – jugendlicher Charme Neuanfang erfolgreich – Kind bringt ein Geschenk
Fuchs	Tratsch – Geschwätz – Hinterhältigkeit - unehrlich
Bär	ältere Frau – Mutter ist nett, gepflegt, schön, positiv
Sterne	Klarheit – Entwicklung der Spiritualität
Störche	Ortsveränderung

BLUMEN (9) Glück - zufrieden - Geschenk - schöne Frau

Hund	nette Freundschaft – gute Freundschaft
Turm	Heilpraktiker – positive Behörde (Standesamt)
Park	nette Kunden - Gartenschau
Berg	Positives ist blockiert – Geschwür - Gewächs
Weg	Ausweg – positive Entscheidung
Mäuse	Geschenk geht verloren
Herz	Wunsch geht in Erfüllung – gute Liebesbeziehung
Ring	gute Ehe – positive Verträge
Buch	erfolgreiches Lernen – gerne lernen – noch nicht bekanntes Geschenk
Brief	Einladung – erfreuliche Nachricht
Mann	Mann mit Charme – gut aussehender Mann
Frau	gut aussehende Frau
Lilie	gute Sexualität – glückliche Familie – gutes Verhältnis zur Tochter
Sonne	alles verläuft positiv – gute Energie
Mond	Feingefühl – Wachstum – Medium - gefühlvoll
Schlüssel	Überraschung mit Sicherheit – sicherer Erfolg
Fische	Wunscherfüllung – Geschenke materieller Art - Geldzuwendung
Anker	Arbeit, die Spaß macht – Blumenbinder – gute Verbindung
Kreuz	Leid ist vorbei

SENSE (10) *Gefahr, plötzlich, Warnung, Aggression*

Reiter	plötzliche Nachricht – aggressive Nachricht (Anzeige)
Klee	kurzer Schrecken – plötzliches Glück
Schiff	plötzliche Reise – gefährliche Reise – Unfall/Ärger auf einer Reise
Haus	plötzlich ein Haus bekommen – Aggressionen in der Familie
Baum	Zahnprobleme – Schicksalsschlag – Gesundheit gefährdet
Wolken	plötzliche Unklarheiten
Schlange	plötzliche Verwicklungen – Aggressionen von einer weiblichen Person
Sarg	Verletzung – plötzliche Krankheit – Unfallgefahr - Operation
Blumen	Freudenschreck
Ruten	aggressive Gespräche – heftiger Streit – Schwierigkeiten
Vögel	plötzliche Aufregung/Sorgen – plötzliche Zweifel
Kind	aggressives Kind – plötzlicher Neubeginn
Fuchs	Intrigen – absolute Falschheit
Bär	gefährliche Leidenschaft – Mutter ist in Gefahr – Mutter ist aggressiv
Sterne	plötzliche Klarheit – Hellsehen mit Vorsicht (wie schwarze Magie) Gefahr der Beeinflussung
Störche	plötzliche Veränderung

SENSE (10) Gefahr, plötzlich, Warnung, Aggression

Hund	Aggressionen im Freundesbereich – plötzliche Freundschaft – Sohn in Gefahr – aggressiver Sohn – Freund in Gefahr
Turm	plötzlicher Zusammenbruch – plötzliche Selbständigkeit
Park	plötzliche Gesellschaft (Kunden) – plötzlich in Öffentlichkeit stehend
Berg	Knochenbruch – plötzliche Blockade – gefährliches Hindernis
Weg	plötzliche Entscheidung – gefährlicher Weg
Mäuse	Gefahr löst sich auf – Aggression verringert sich – Magenproblem Bauchspeicheldrüsenproblem - plötzlicher Verlust
Herz	plötzliche Herzprobleme (Blutdruck) – plötzliche Liebesbeziehung
Ring	Aggression in der Beziehung – plötzlicher Vertrag
Buch	unbewusster Angriff - Geheimnis
Brief	plötzliche Nachricht
Mann	Mann mit Aggressionen – spontaner Mann – verletzte Frau
Frau	Frau mit Aggressionen – spontane Frau – verletzte Frau
Lilie	spontaner Sex (auch Vergewaltigung) – Aggressionen in der Familie
Sonne	plötzlich wieder kraftvoll
Mond	Depressionen – schwankende Gefühle
Schlüssel	plötzlicher Erfolg - Schrecken
Fische	plötzliches Geld – kein Verhältnis zum Geld – finanzielle Spannungen
Anker	plötzliche Arbeit bekommen – Gefahr am Arbeitsplatz - verankert
Kreuz	grundlegende Veränderung in der Zukunft

RUTEN (11) Rechtsstreit - Streit - Gespräche aller Art

Reiter	schnelle Gespräche - Ausflug
Klee	kurzes nettes Gespräch
Schiff	Reisegespräche
Haus	Streit zu Hause – Gespräche im Hause
Baum	ermüdende Gespräche – lang anhaltende Gespräche
Wolken	über Unklarheiten wird diskutiert – quälende Gedanken
Schlange	Redegewandtheit - Diplomatie
Sarg	nicht reden können – sprachlos - verunsichert
Blumen	nette Gespräche – Kontaktaufnahme – fröhliche Unterhaltung
Sense	Worte sind verletzend – Streit – aggressive Gespräche
Vögel	Tratsch – Geschwätz – aufregende Gespräche
Kind	Streit um Kleinigkeiten – Streit um ein Kind – naive Gespräche
Fuchs	falscher Gesprächspartner – Lügen – falsche Verbindung
Bär	Rechtsanwalt - Moderator
Sterne	spirituelle Gespräche – geistige Gespräche – klare Gespräche
Störche	Verhandlung – Gespräche über Veränderung

RUTEN (11) Rechtsstreit - Streit - Gespräche aller Art

Hund	Gespräche mit Freunden – freundschaftliche Gespräche
Turm	Gerichtsverhandlung – Gespräche über Trennung/Selbständigkeit
Park	Vortrag – Vorlesung – öffentliche Gespräche - Terminvereinbarung
Berg	sprachgehemmt – Gespräche ohne Ergebnis – blockierte Gespräche
Weg	Ausrede – Gespräche bringen Entscheidung – Ausweg finden
Mäuse	Angst vor Gesprächen – es findet kein Gespräch statt
Herz	herzliche Gespräche – Herzrhythmusstörungen - Ehestreit
Ring	wiederkehrender Streit – Ehestreit – Gespräche über Vertrag
Buch	geheime Gespräche – Schriftsteller – Vorlesung - Schulgespräch
Brief	Journalist – kurzer Anruf – Gespräch über eine Nachricht
Mann	redegewandter Mann - kontaktfreudig
Frau	redegewandte Frau - kontaktfreudig
Lilie	familiäre Gespräche – Familienstreit - Gespräche über Sexualität
Sonne	erfolgreiche Gespräche – Geistheilung – Energiearbeit - sprachbegabt
Mond	spirituelle Gespräche – diplomatische Gespräche - Pendeln
Schlüssel	sicherer Ausdruck – Gespräche/Diskussionen finden ganz sicher statt
Fische	Streit ums Geld – Geldverhandlungen – finanzielle Diskussionen
Anker	berufliche Gespräche - Arbeitsverhandlungen
Kreuz	leidvoller Streit nur noch von kurzer Dauer

VÖGEL(12) Aufregung - Stress - Unruhe - Zweifel - Zahl 2

Reiter	zweifelhafte Unternehmung – aufregende Unternehmung
Klee	Aufregung von kurzer Dauer
Schiff	Zweifel bezüglich einer Reise -Stress während einer Reise
Haus	Aufregung im Haus – 2 Wohnungen – Streit bezüglich Wohnungen
Baum	dauerhafter Stress – Aufregung bezüglich der Gesundheit
Wolken	aufregende Zeit
Schlange	zweifelhafte Angelegenheit
Sarg	krank durch Sorgen – Sorgen bleiben bestehen
Blumen	Aufregung bezüglich eines Geschenkes – Zweifel überwinden
Sense	plötzliche Aufregung
Ruten	aufregende Gespräche – Zahl 4 (2x2)
Kind	Sorgen wegen der Kinder – zwei Kinder
Fuchs	unnötige Sorgen – Aufregung mit dem Vater
Bär	Aufregung mit der Mutter/älterer Person – 2 Neider
Sterne	Zweifel an Hellsicht – Aufregung bezüglich der Hellsichtigkeit
Störche	Veränderung bringt Stress – aufregende Veränderung

VÖGEL(12) Aufregung - Stress - Unruhe - Zweifel - Zahl 2

Hund	Stress mit Freunden
Turm	Probleme mit Behörde – zweifelhafte Institution
Park	Aufregung in der Öffentlichkeit – aufregende Gesellschaft
Berg	Aufregung mit Schwierigkeiten – derzeit nicht lösbar
Weg	aufregende Entscheidung – Ausweg überdenken
Mäuse	Zweifel verschwinden
Herz	Herzklopfen – Aufregung in Liebesdingen
Ring	zweifelhafter Vertrag – Ehekrach – Aufregung bezüglich Vertrag
Buch	Sorgen noch unbekannt – Stress bezüglich Weiterbildung
Brief	Aufregung wegen einer Nachricht
Mann	nervöse Person
Frau	nervöse Person
Lilie	Stress in der Familie – 2 sexuelle Verbindungen
Sonne	Aufregung legt sich
Mond	Gemütsschwankungen - unzuverlässig
Schlüssel	Stress kommt mit Sicherheit
Fische	Geldsorgen
Anker	beruflicher Stress – 2 Arbeitsstellen (Nebentätigkeit)
Kreuz	kurzes Leid – schicksalhaft bedingt

KIND (13) Neuanfang - Kind - Vertrauen - natürlich - Beginn

Reiter	viel unterwegs sein, Unternehmungen, Kind ist vielseitig interessiert
Klee	Neuanfang in kurzer Zeit – schöne Kindheit – kleine Glückssträhne
Schiff	Kurzreise – Kind geht aus dem Haus – Kind kommt auf einen zu
Haus	neues Haus – Kinder im Haus - gastfreundlich
Baum	Kinderkrankheit – kleine Krankheit (nicht dramatisch)
Wolken	schwere Kindheit – etwas Unklares
Schlange	raffiniertes Kind
Sarg	Kind ist krank – kleine Krankheit – Beginn einer Krankheit
Blumen	Tochter – Geschenk von einem Kind
Sense	Kind ist aggressiv – kleine Verletzung – Kind ist in Gefahr
Ruten	Streit mit einem Kind – 2 Kinder (Zwillinge) – kindliche Gespräche
Vögel	Neues bringt Aufregung – Stress mit einem Kind (mit 2 Kindern)
Fuchs	Kind ist nicht vom angegebenen Vater – Kind ist nicht ehrlich
Bär	Kind hat Selbstvertrauen
Sterne	viele Kinder – begabtes Kind
Störche	kleine Veränderung, Schwangerschaft (plus Lilie), völliger Neubeginn

KIND (13) Neuanfang - Kind - Vertrauen - natürlich - Beginn

Hund	auf das Kind kann man sich verlassen – neue Freundschaft
Turm	Jugendamt – vom Kind getrennt sein – Kind braucht den Rückzug
Park	Kindergarten – Hort – Heim – kleine Gesellschaft
Berg	verschlossenes Kind (keine Nähe gewünscht) – Kind ist stur
Weg	Entscheidung für ein Kind – Auswege – neue Richtung suchen
Mäuse	Kind verlieren (geht aus dem Haus) – etwas Angst – Verlust
Herz	kindliches Gemüt – neue Liebe – herzliches Verhältnis zum Kind
Ring	Vertragsbeginn – neue Beziehung
Buch	gebildetes Kind – liest gerne - kleines Geheimnis – ein Buch schreiben
Brief	kleines Dokument – oberflächlicher Kontakt zum Kind
Mann	Mann mit Kindern – natürlicher Mann – jünger wirkender Mann
Frau	Frau mit Kindern – natürliche Frau – jünger wirkende Frau
Lilie	kleine Familie – wenig Sexualität
Sonne	glückliches Kind – sonniges Gemüt
Mond	sensibles Kind – Medialität in den Anfängen – medial begabtes Kind
Schlüssel	selbstsicheres Kind – mit Sicherheit ein Neubeginn
Fische	Trinkgeld – wenig Geld – dem Kind ist Geld sehr wichtig
Anker	Arbeit mit Kindern – beruflicher Neuanfang
Kreuz	kurzes Leid

FUCHS (14) *unehrlich - Hinterlist - Betrug - schlau - Vater*

Reiter	falsche Unternehmung
Klee	kein Glück
Schiff	falscher Zeitpunkt für eine Reise – Vorsicht auf einer Reise
Haus	etwas läuft falsch im Hause – das falsche Haus (nicht wohlfühlen)
Baum	falsche Lebensweise (unbedingt ändern, sonst droht Krankheit)
Wolken	undurchsichtige Machenschaften
Schlange	Intrigantin – die „falsche Schlange" – unehrliche Frau
Sarg	falsche Krankheit – nicht auf Diagnose verlassen
Blumen	falsches Geschenk – Tochter lügt
Sense	plötzliche Gefahr – Vater ist aggressive/spontan
Ruten	falsches Gerede – falscher Gesprächspartner
Vögel	unnötige Aufregung – Vater ist gestresst
Kind	Kind ist unehrlich, lügt – Kind ist nicht vom angegebenen Vater
Bär	Vater und Mutter haben eine starke Verbundenheit
Sterne	falsche Medikamente – falscher Umgang mit der Spiritualität
Störche	die falsche Veränderung

FUCHS (14) unehrlich - Hinterlist - Betrug - schlau - Vater

Hund	falsche Freundschaft – Vorsicht Freund nicht vertrauen
Turm	Schwierigkeiten mit einer Behörde/Obrigkeit – Vater ist selbständig
Park	falsche Gesellschaft
Berg	Schwierigkeiten werden überbewertet – Vater ist stur
Weg	falsche Entscheidungen – der falsche Weg – Vater trifft Entscheidung
Mäuse	Lügen werden aufgedeckt – Falschheit verschwindet
Herz	Unehrlichkeit in der Liebe – der falsche Partner
Ring	falsche Verbindung – Vertrag prüfen vor Betrug – unehrliche Ehe
Buch	falsches Studium – falsche Dokumente
Brief	falsche Informationen
Mann	falscher Mann – unehrliche Person
Frau	falsche Frau – unehrliche Person
Lilie	falsches sexuelles Verhalten – etwas läuft in der Familie falsch
Sonne	Scheinheiligkeit – Person verstellt sich – macht anderen was vor
Mond	falsche Gefühle – gefühlskalt – falsche Vorstellungen
Schlüssel	Vorsicht Sicherheit ist gefährdet – Vater bietet Sicherheit
Fische	Geldbetrug – falscher Umgang mit Geld – Vorsicht vor Geldausgaben
Anker	Intrigen am Arbeitsplatz – Vorsicht geboten beruflich – Vater ist falscher Beruf – die Arbeit ist falsch, Berufswechsel angezeigt
Kreuz	Belastungen verschwinden

BÄR (15) Mutter - Stärke - Dominanz - Eifersucht - Neid

Reiter	Mutter vielseitig interessiert - viel unterwegs – aktive Person
Klee	Wohlstand
Schiff	Reise mit der Mutter – Eifersucht auf einer Reise
Haus	Haus der Mutter – Haus geerbt – Geborgenheit im Hause
Baum	gesund – kraftvoll – Mutter ist etwas langweilig
Wolken	Unklarheiten mit einer älteren Frau – Exmann ist eifersüchtig
Schlange	mächtige Frau – raffinierte Frau
Sarg	Mutter ist krank – ältere Frau ist krank – keine Eifersucht
Blumen	eifersüchtig auf junge hübsche Frau – Mutter gibt ein Geschenk
Sense	Mutter ist energisch (aggressiv) – Mutter in Gefahr
Ruten	Gespräche mit der Mutter – Rechtsanwalt – Gespräche um Eifersucht
Vögel	Mutter ist nervös – 2 ältere Frauen – Aufregung mit der Mutter
Kind	starke Verbundenheit von Mutter und Kind – Kind ist eifersüchtig
Fuchs	Mutter ist schlau (auch falsch) – Ehebetrug (Rivalin)
Sterne	Erkenntnis – Schutzengel – Glücksphase – Mutter ist spirituell
Störche	Verhältnis zur Mutter verändert sich

BÄR (15) Mutter - Stärke - Dominanz - Eifersucht - Neid

Hund	eine alte Freundschaft – eifersüchtiger Freund – starkes Vertrauen
Turm	Gericht – autoritärer Chef – große Firma
Park	alter Kundenstamm – Mutter kommt gut in der Öffentlichkeit an
Berg	sturer Chef, macht das Leben schwer, nur seine Meinung gilt Schwierigkeiten mit der Mutter – Mutter ist dickköpfig, stur
Weg	Mutter trifft Entscheidungen – langer Prozess
Mäuse	Gewichtsverlust – Mutter ist krank – Eifersucht verschwindet
Herz	Liebhaber – Eifersucht in Liebesdingen – leidenschaftliche Liebe
Ring	Eifersucht in der Ehe – langer Vertrag – Verbundenheit zur Mutter
Buch	Mutter sagt nicht, was sie denkt – Eifersucht wird verschwiegen
Brief	Nachricht von der Mutter – behördliche Person als Vermittler
Mann	eifersüchtiger Mann – dominanter Mann – Affäre - mächtig
Frau	Frau ist eifersüchtig – Frau ist dominant – Liebhaber - mächtig
Lilie	Liebschaft – Leidenschaft – Familienrecht – Mutter harmoniebedürftig
Sonne	Besitz vermehrt sich (z. B. Zinsen) – Reichtum - Durchsetzungskraft
Mond	medial – sehr eifersüchtig
Schlüssel	Sicherheit durch Besitz – oberster Boss, der das Sagen hat – Mutter bietet Sicherheit
Fische	Reichtum – Bank – Geldinstitution – Geld erben – Mutter ist reich
Anker	angesehene Person, die beneidet wird – unkündbare Tätigkeit
Kreuz	kurzfristiges Leid bei Machtverlust etc.

STERNE (16)   *Klarheit - Hellsichtigkeit - Erfolg*

Reiter	mediale Botschaften
Klee	kurzfristige Eingebungen
Schiff	schöne Reise – mediale Reise – Klarheit auf einer Reise
Haus	Medium – viele Häuser – Zufriedenheit im Haus
Baum	wichtige Heilphase – bei Gesundheit Augen prüfen lassen
Wolken	Suchtgefahr – Gebrauch von Rauschgift
Schlange	mediale Frau – Klarheit über Umwege
Sarg	geistig gestört – Gesundheit Hautbereich – auf Botschaften achten
Blumen	Fähigkeit zur Hellsichtigkeit – Naturheilung – künstlerisch begabt
Sense	plötzliche Erkenntnis – viele Angriffe
Ruten	Pendeln – Rutengehen – klare Gespräche
Vögel	viel Aufregung
Kind	mediale Weiterentwicklung
Fuchs	keinen Durchblick – falsche Medikamente – negative Schwingungen
Bär	Geistführer
Störche	positive Veränderung

STERNE (16)   Klarheit - Hellsichtigkeit - Erfolg

Hund	Seelenverwandtschaft – großer Freundeskreis – spirituellen Freund
Turm	Institution für Klarheit - Heilung
Park	spirituelle Gesellschaft – esoterische Messe – viele Kunden
Berg	Gedächtnisstörung – geistige Entwicklung blockiert
Weg	Entscheidung bringt Klarheit – Zielvorstellung – richtige
Mäuse	Verlust von Klarheit
Herz	gute Liebesbeziehung – tiefe Liebe – Klarheit in Liebesdingen
Ring	glückliche Ehe – Vertrag bringt Klarheit – erfolgreicher Vertrag
Buch	Kartenleger – spirituelles Buch – unterbewusstes Wissen
Brief	Nachricht bringt Klarheit
Mann	spiritueller Mann – intelligent – zufrieden – klare Vorstellungen
Frau	spirituelle Frau – intelligent – zufrieden – klare Vorstellungen
Lilie	zufriedenes Sexualleben – glückliche Familie – starke Harmonie
Sonne	Hellsichtigkeit – 3. Auge – energetisch erfolgreich - Astrologe
Mond	Hellsichtigkeit – telepathische Fähigkeiten – Medium
Schlüssel	ganz sicher Erfolg haben – erfolgreich durch Klarheit
Fische	sehr viel Geld - Wohlstand
Anker	spiritueller Beruf – Erfüllung im Beruf – Spaß an der Arbeit
Kreuz	Kirche - Karma

STÖRCHE (17) *Veränderung - Umzug - die Beine*

Reiter	bereit zur Veränderung
Klee	Veränderung in Kürze
Schiff	Reise bringt Veränderung – Veränderung kommt auf einen zu
Haus	Veränderung im Haus – Renovierung - Umzug
Baum	Lebensveränderung wird vom Schicksal bestimmt
Wolken	noch unklare Veränderung
Schlange	Veränderung über Umwege
Sarg	es findet keine Veränderung statt, Veränderung ist nicht möglich
Blumen	Tochter verändert sich – ein Geschenk bringt Veränderung
Sense	plötzliche Veränderung
Ruten	Gespräche über Veränderung – Gesprächssituation verändern
Vögel	Veränderung bringt Aufregung
Kind	plus Lilie Schwangerschaft – Kind bringt Veränderung
Fuchs	falscher Zeitpunkt für Veränderungen
Bär	Veränderung durch die Mutter – Veränderung zum Wohlstand
Sterne	Veränderung bringt Klarheit – Veränderung mit großem Erfolg

STÖRCHE (17) *Veränderung - Umzug - die Beine*

Hund	freundschaftliche Veränderungen
Turm	Veränderung durch eine Behörde
Park	gesellschaftliche Veränderungen – neue Kundschaft
Berg	Veränderung ist schwierig, blockiert
Weg	Entscheidende Veränderung – einen Weg finden
Mäuse	Veränderung gelingt nicht – Veränderung findet nicht statt
Herz	liebesmäßige Veränderung
Ring	Veränderung in der Beziehung (Hochzeit)
Buch	sich durch Erkenntnis verändern – Veränderung im Geheimen
Brief	Nachricht über Veränderungsmöglichkeiten
Mann	Person verändert sich
Frau	Person verändert sich
Lilie	familiäre Veränderung – sexuelle Veränderung
Sonne	Veränderungen bringen Kraft – positive Veränderung
Mond	Veränderung im Ansehen – Gefühle ändern sich
Schlüssel	Veränderung mit Erfolg – ganz sicher wird sich was ändern
Fische	Veränderung mit den Finanzen – positive finanzielle Veränderung
Anker	Veränderung am Arbeitsplatz – berufliche Veränderung
Kreuz	Veränderung schicksalsbedingt – Leidvolles geht zu Ende

Hund   (18) Freund - Vertrauen - Treue

Reiter	freundschaftliche Unternehmungen – jüngerer aktiver Freund
Klee	kurzfristige Freundschaft
Schiff	Reise mit dem Sohn/Freund – Sohn/Freund kommt auf einen zu
Haus	ein Hund im Haus – häusliches Vertrauen - Gastfreundlichkeit
Baum	dauerhafte Freundschaft - Gesundheit: Erkältung – treu auf Dauer
Wolken	Unklarheiten mit Freunden
Schlange	raffinierte Freundin
Sarg	Freund ist krank – Sohn ist krank – Freundschaft ist eingeschlafen
Blumen	Freund ist wie ein Geschenk für die Person – Tochter und Sohn
Sense	gefährlicher Freund – aggressiver Freund – plötzliche Freundschaft
Ruten	heftige Diskussionen im Freundeskreis oder mit dem Sohn
Vögel	Aufregung mit zwei Freunden – unzuverlässige Freunde
Kind	neue Freundschaft
Fuchs	falsche Freunde – Vorsicht vor Vertrauen - Untreue
Bär	Selbstvertrauen – Mutter ist immer für einen da - Gutmütigkeit
Sterne	spirituelle Freunde – viele Freunde
Störche	freundschaftliche Veränderung – Freundeskreis verändert sich

Hund   (18) *Freund - Vertrauen - Treue*

Turm	Rückzug vor Freunden – Einsamkeit – Freund ist selbständig
Park	Veranstaltung mit Freunden
Berg	blockierte Freundschaft – Freund lebt weit entfernt
Weg	Sohn trifft Entscheidungen – Entscheidung für Freundschaft
Mäuse	einen Freund verlieren – kein Vertrauen haben
Herz	gute Freunde – Treue in der Liebe
Ring	bedingungslose Treue – starke Verbundenheit zum Freund
Buch	heimlicher/unbekannter Freund – Sohn von dem man nicht weiß
Brief	oberflächliche Freundschaft – Nachricht von Freunden
Mann	treuer Mann – eine Person auf die man sich verlassen kann
Frau	treue Frau – eine Person auf die man sich verlassen kann
Lilie	sexuell interessierter Freund – auf Familie kann man sich verlassen
Sonne	Freundschaft stärkt einen - Selbstvertrauen
Mond	seinem Gefühl vertrauen – sensibler Freund
Schlüssel	Freund auf dem man sich mit Sicherheit verlassen kann, zuverlässig
Fische	von einem Freund Geld bekommen – Freundschaft zum Geld
Anker	Arbeit mit Freunden – Sohn ist sehr fleißig
Kreuz	**schicksalhafte** Verbindung

TURM (19) Einsamkeit - Selbständigkeit - Rückzug - Trennung

Reiter	Nachricht von einer Behörde – der Einsamkeit entrinnen
Klee	Distanz – kleine Behörde
Schiff	einsam auf einer Reise – sich zurückziehen auf einer Reise
Haus	Amt/Behörde für Häuser/Wohnungen/Immobilien
Baum	dauerhafte Selbständigkeit – zur Gesundheit: Wirbelsäulenprobleme
Wolken	Unklarheiten bezüglich der Selbständigkeit - Behördenprobleme
Schlange	einsame Frau – Verwicklungen bezüglich Selbständigkeit
Sarg	Krankenhaus – Institution für Nachlassangelegenheit - Krankheit
Blumen	guter Ausgang mit einer Behörde – Selbständigkeit wie Geschenk
Sense	Zahnprobleme behandeln in einer Klinik
Ruten	Gericht – Gerichtsverhandlung – Polizei - Trennungsgespräche
Vögel	behördliche Aufregung – Aufregung bezüglich Selbständigkeit
Kind	Amt/Institut für Kinder – Kinderheim – Jugendamt – Kind ist einsam
Fuchs	etwas läuft falsch bezüglich Selbständigkeit (Betrug) - Gefängnis
Bär	Chef – große Behörde – Mutter distanziert sich
Sterne	Arzt – Klarheit mit der Selbständigkeit
Störche	Veränderung bezüglich Selbständigkeit – Gesundheit: Beinprobleme

TURM (19) Einsamkeit - Selbständigkeit - Rückzug - Trennung

Hund	Distanzierung zu einem Freund – Selbständigkeit mit einem Freund
Park	öffentliche Gebäude – Hotel – großes Unternehmen mit Publikum
Berg	Auslandsbehörde – Schwierigkeiten bezüglich Selbständigkeit
Weg	Entscheidung zur Trennung – neue Wege gehen
Mäuse	Verlust der Selbständigkeit - Trennung
Herz	Eheamt – Partner engt Person ein – Selbständigkeit als Wunsch
Ring	bindungsmäßige Abgrenzung – jeder macht seins – wie eingesperrt
Buch	Universität – Gelehrter – Wissenschaftler – geheime Selbständigkeit
Brief	Nachricht über Trennung – Nachricht bezüglich Selbständigkeit
Mann	einsamer Mann – zieht sich zurück – denkt an Trennung
Frau	einsame Frau - zieht sich zurück – denkt an Trennung
Lilie	ausgeprägte Sexualität (Wünsche, Phantasien ausgeprägt)
Sonne	Selbständigkeit läuft sehr gut – Karriere machen
Mond	eingeschränkte Gefühle – sich isolieren/abkapseln
Schlüssel	Selbständigkeit Sicherheit – führende Position - Sicherheitsdienst
Fische	führende Position mit gutem Verdienst – Bank - Finanzamt
Anker	Arbeitsamt – Chef – Arbeit mit Selbständigkeit
Kreuz	Kloster – Kirche - Trennungsgedanken

PARK (20) Gesellschaft - Öffentlichkeit - Veranstaltung

Reiter	Kundschaft, die immer wieder kommt
Klee	kurzfristige Einladung in der Öffentlichkeit
Schiff	Reisegesellschaft – Kur – Kunden kommen auf einen zu
Haus	Ausstellung – Nachbarn – Gartenhaus - Gesellschaftshaus
Baum	Heilungsphase – Reha – Haus für Gesundheit – öffentliches Leben
Wolken	Unklarheiten in der Öffentlichkeit (mit Kunden)
Schlange	Durchmogeln in der Öffentlichkeit
Sarg	Krankenhaus – Friedhof – keine Kundschaft
Blumen	Gartenausstellung – gute Kunden – Tochter steht in der Öffentlichkeit
Sense	aggressive Gesellschaft – unerwartete Kundschaft
Ruten	öffentliche Gespräche – Tagungen – Vorträge - Streik
Vögel	Aufregung in der Öffentlichkeit – 2 Veranstaltungen
Kind	kleine Gesellschaft – wenig Kunden – Kindergarten - Spielplatz
Fuchs	Vorsicht vor dieser Gesellschaft – Intrigen – Falsche Personen
Bär	gehobene Gesellschaft
Sterne	viele Kunden – Theater – Hotel – Gesellschaft bringt Klarheit
Störche	Kundschaft ändert sich – Gesellschaft bringt Veränderung

PARK (20)   Gesellschaft - Öffentlichkeit - Veranstaltung

Hund	Stammkundschaft – vertrauensvolle Gesellschaft – Kunden mit freundschaftlichem Kontakt – Party
Turm	Hotel – Gesellschaft nur bestimmten Personen zugänglich
Berg	öffentliche Veranstaltung blockiert – nicht jedem zugänglich
Weg	Entscheidungen über die Öffentlichkeit (über Wahlen)
Mäuse	Kundschaft geht verloren – gesellschaftlicher Verlust – Angst
Herz	liebevolle Kunden – Liebe in der Öffentlichkeit finden
Ring	Vertrag in der Öffentlichkeit - Hochzeit
Buch	Kunden unbekannt – heimliche Gesellschaft – Bücherei - Bibliothek
Brief	Eintrittskarte – Einladung zu einer öffentlichen Veranstaltung
Mann	Person kommt gut in der Öffentlichkeit an, beliebt
Frau	Person kommt gut in der Öffentlichkeit an, beliebt
Lilie	Familientreffen – Sex in der Öffentlichkeit – Harmonie
Sonne	gute Kunden, die förderlich sind - Sonnenstudio
Mond	Veranstaltung, die Anerkennung bringt – sensible Gesellschaft
Schlüssel	Stammkundschaft – Veranstaltung findet statt mit Sicherheit
Fische	Wohlstand durch Kunden – Versteigerung – öffentliches Geld (Bank)
Anker	Arbeit in der Öffentlichkeit mit Kunden/Patienten – Kollegentreffen
Kreuz	Kirche

BERG (21)   *Blockade - Entfernung - unüberwindbar - stur*

Reiter	Unternehmung mit Schwierigkeiten – in der Bewegung eingeschränkt
Klee	kurze Blockade
Schiff	Schwierigkeiten bezüglich einer Reise
Haus	Schwierigkeiten im häuslichen Bereich
Baum	gesundheitliche Schwierigkeiten – erschwerte Lebenslage
Wolken	Unklarheiten derzeit nicht lösbar
Schlange	Ausweg suchen – Schwierigkeiten auch über Umwege nicht lösbar
Sarg	Schwierigkeiten machen krank – ernst zu nehmende Krankheit
Blumen	Schwierigkeiten werden überwunden
Sense	plötzliche Schwierigkeiten – Zahnprobleme – eventuell Operation
Ruten	schwierige Unterhaltung – blockierte Gespräche
Vögel	größere Aufregung durch Schwierigkeiten
Kind	Neuanfang blockiert – kleinere überwindbare Schwierigkeiten
Fuchs	eingebildete Schwierigkeiten – Probleme werden falsch eingeschätzt
Bär	Mutter ist stur – größere Schwierigkeiten
Sterne	blockierte Klarheit
Störche	wegen Schwierigkeiten Veränderung nötig – Gesundheit: Beine

BERG (21) *Blockade - Entfernung - unüberwindbar - stur*

Hund	Vertrauen gestört – Schwierigkeiten mit einer Freundschaft
Turm	Probleme mit einem Amt
Park	Schwierigkeiten mit der Gesellschaft – Kunden bleiben aus
Weg	der Weg in die Ferne – Entscheidung blockiert
Mäuse	Probleme verschwinden – durch Sturheit Verluste einstecken
Herz	Schwierigkeiten in der Liebe – Liebesperson ist weit entfernt
Ring	Probleme bezüglich eines Vertrages – Vertrag im Ausland
Buch	Schulprobleme – kann nicht lesen (Analphabet) – geheime Probleme
Brief	Nachricht kommt nicht an – Nachricht aus dem Ausland
Mann	blockiert sich selbst – stur - dickköpfig
Frau	blockiert sich selbst – stur - dickköpfig
Lilie	sexuelle Probleme – sexuell gehemmt - familiäre Probleme
Sonne	eingeschränkte Erfolge
Mond	gefühlskalt – Verstand blockiert
Schlüssel	Sicherheit ist gefährdet
Fische	finanzielle Schwierigkeiten – z. B. Konto gesperrt
Anker	berufliche Schwierigkeiten – Probleme bleiben – Arbeit weit entfernt
Kreuz	Probleme als schicksalhafte Aufgabe

WEG (22) Entscheidungen - 2 Möglichkeiten

Reiter	Vorwärtskommen – auf dem richtigen Weg sein
Klee	in Kürze sich entscheiden – Entscheidung bringt etwas Glück
Schiff	Entscheidung bezüglich einer Reise – Entscheidung kommt
Haus	Entscheidung für ein Haus – 2 Häuser
Baum	Lebensentscheidung – 2 Möglichkeiten - Gesundheitsentscheidung
Wolken	Unklarheiten mit Entscheidung – schwere Entscheidung - Fehlschlag
Schlange	Entscheidung über neue Wege
Sarg	keine Bewegung – es geht nicht weiter - Sackgasse
Blumen	Entscheidung bringt Erfolg – erfreuliche Wege
Sense	plötzliche Entscheidung
Ruten	entscheidende Gespräche
Vögel	Entscheidung mit 2 Möglichkeiten – Aufregung wegen Entscheidung
Kind	Neubeginn – 2 Kinder – Kind geht seinen Weg
Fuchs	falsche Richtung – falsche Entscheidung
Bär	Mutter trifft Entscheidungen – stabile Wege
Sterne	Entscheidung bringt Klarheit
Störche	Entscheidung bringt Veränderung

WEG (22) Entscheidungen - 2 Möglichkeiten

Hund	vertrauensvolle Entscheidung – Entscheidungen mit der Freundschaft
Turm	Entscheidung zur Selbständigkeit – Entscheidung von einer Behörde
Park	Entscheidung für Veranstaltungen in der Öffentlichkeit
Berg	unentschlossen bezüglich Entscheidung – blockierte Wege
Mäuse	sich nicht festlegen wollen – Schwierigkeiten mit Entscheidung
Herz	Entscheidung bezüglich der Liebe – 2 Liebschaften
Ring	Bindungswege – Entscheidung bezüglich eines Vertrages
Buch	geheime Wege – Entscheidung zur Weiterbildung
Brief	entscheidende Nachricht
Mann	steht vor Entscheidungen – noch unentschlossen
Frau	steht vor Entscheidungen – noch unentschlossen
Lilie	Entscheidung bezüglich der Familie – auch bezüglich Sexualität
Sonne	Entscheidung bringt Erfolg
Mond	Entscheidung aus dem Bauch (gefühlsmäßig)
Schlüssel	sicherer Weg – Entscheidung gibt Sicherheit
Fische	Entscheidung im Finanzbereich – Wege, die Geld mit sich bringen
Anker	berufliche Entscheidung – Berufung – 2 Möglichkeiten
Kreuz	**schicksalhafte** Entscheidung – kurzer leidvoller Weg

MÄUSE (23) *Verlust - Angst - Diebstahl - Magen-Darm - Infekt*

Reiter	keine Aktivität
Klee	kurzfristige Niederlagen
Schiff	Reise findet nicht statt
Haus	große Probleme im häuslichen Bereich – Haus verlieren - Einbruch
Baum	schwache Gesundheit – Magen-Darm-Probleme – andauernder Verlust
Wolken	depressive Verstimmung
Schlange	raffinierte Frau geht in den Verlust
Sarg	Schock - Krankheit
Blumen	Verlust ist positiv zu sehen
Sense	plötzliche Probleme
Ruten	kein Kontakt – Streit ist belastend – Angst zu reden – Gespräche über Probleme – Stimmbandprobleme (Sprechverbot)
Vögel	Aufregung über Verlustgeschäft
Kind	Kind geht aus dem Haus – Neubeginn
Fuchs	Falschheit verschwindet – unnötige Angst
Bär	Sorgen bezüglich Mutter – Gewichtsverlust – Eifersucht verschwindet
Sterne	Verlust von Klarheit – Gesundheit: Augen prüfen
Störche	Veränderung durch Verluste

MÄUSE (23) *Verlust - Angst - Diebstahl - Magen-Darm - Infekt*

Hund   Freundschaftsverlust – keine Treue

Turm   Probleme mit einer Behörde – Probleme mit der Selbständigkeit

Park   gesellschaftlicher Verlust

Berg   Auflösung eines Hindernisses oder von Blockaden

Weg   Entscheidung mit Verlusten – keine Entscheidung

Herz   die Liebe verlieren

Ring   kein Vertrag – Vertrag wird gelöst – Wiederholung von Verlusten

Buch   Geheimnis wird gelüftet – Heimlichkeiten werden beendet

Brief   verloren gegangene Nachricht – Information wird nicht übermittelt

Mann   kritische Beziehung – Mann verlieren – Mann hat Angstthema

Frau   kritische Beziehung – Frau verlieren – Frau hat Angstthema

Lilie   sexuelle Probleme – sexuelle Enthaltsamkeit – Familienprobleme

Sonne   Energieverlust - kraftlos

Mond   gefühlsarm – Gefühlsleben ist durcheinander

Schlüssel   an Sicherheit verlieren – keine Sicherheit - Unsicherheit

Fische   Geldverlust – Diebstahl – Depressionen - Alkoholproblem

Anker   keine Arbeit – Kündigung droht – bevorstehender Arbeitsverlust

Kreuz   Verlust ist vorbestimmt

HERZ (24) Liebe - Glück - herzlich - positiv - das Herz

Reiter	liebesmäßig viel unternehmen – nicht langweilig
Klee	Liebesglück – neue Liebe
Schiff	Liebesreise – Liebe kommt auf einen zu - Hochzeitsreise
Haus	Wohnort lieben – idealer Wohnsitz - feste Liebesbeziehung
Baum	bei der Gesundheit auf das Herz achten – Liebe hält ein Leben lang
Wolken	Unklarheiten bezüglich der Liebe – Probleme mit Ex-Beziehung
Schlange	verbotene Liebe (Ehebruch) meist mit Kummer
Sarg	Liebe ist eingeschlafen (nicht tot) – kranke Liebe - herzkrank
Blumen	glückliche Liebesbeziehung – Liebe ist wie ein Geschenk für Person
Sense	plötzliche Liebe – Verletzung liebesmäßig
Ruten	heftige Diskussionen mit dem Partner
Vögel	2 Lieben – Aufregung bezüglich der Liebe
Kind	Liebe in den Anfängen - kinderlieb
Fuchs	keine ehrliche Liebe (vorgemacht) – etwas läuft falsch liebesmäßig
Bär	Eifersucht – Affäre – Wohlstand – guter Kontakt zur Mutter (herzlich)
Sterne	sehr glückliche Liebe – Erfüllung in der Liebe
Störche	Veränderung liebesmäßig – neue Liebesgefühle durch Veränderung

HERZ (24)   Liebe - Glück - herzlich - positiv - das Herz

Hund	aus Freundschaft wird Liebe – gute Freunde – Vertrauen in der Liebe
Turm	Sehnsucht nach Liebe – sich einsam fühlen – jeder macht seins
Park	nette Gesellschaft – Liebe öffentlich zeigen – zur Liebe bekennen
Berg	Liebe wohnt weiter weg – blockierte Liebe – Gefühle nicht zeigen
Weg	Entscheidung bezüglich der Liebe
Mäuse	Liebeskummer – die Liebe verlieren - Herzlosigkeit
Ring	Liebes-Ehe – Liebe auf Dauer – positiver Vertrag
Buch	heimliche Liebe – Liebesperson ist noch nicht bekannt – Geliebter
Brief	Liebe ist nur oberflächlich - Liebesbrief
Mann	herzlicher Mann – charmanter Mann
Frau	herzliche Frau – Frau mit Charme
Lilie	Liebe mit glücklicher Sexualität – glückliche Familie
Sonne	Herzenswärme – Liebe gibt viel Kraft
Mond	glückliche Liebe mit tiefen Gefühlen
Schlüssel	sichere Beziehung – zuverlässiger Partner
Fische	tiefe Liebesgefühle – materiell orientierte Liebe – berechnend Liebe zum Geld
Anker	Arbeit lieben – klammernde Liebe – (Helfersyndrom)
Kreuz	schicksalhafte Liebe – oft leidvoll – Herzprobleme

RING (25) Vertrag - Bindung - Heirat - Wiederholung

Reiter	Heiratsantrag – Mann kommt ins Spiel – Vertrag kommt zustande
Klee	glückliche Beziehung – Vertrag nur kurzfristig nicht auf Dauer
Schiff	Vertrag für Urlaubsreise – Rundreise – Hochzeitsreise
Haus	solides Hausangebot – lang dauernde Verbindung – Vertrag für Haus
Baum	lebenslange Bindung – Ehe/Beziehung hält ein Leben lang
Wolken	Unklarheiten in der Ehe – unklarer Vertrag
Schlange	Verbindung zu anderer Frau – Vertrag mit diplomatischem Geschick
Sarg	unglückliche Beziehung – Ehe könnte beendet werden - Krankschrift
Blumen	Bindung, die erst reifen muss – Verbindung wie ein Geschenk wirkend
Sense	erdrückende Verbindung – Gewalt in der Ehe – Ende der Beziehung
Ruten	Streit – Diskussionen – geschäftliche Gespräche
Vögel	zwei Verbindungen – Aufregung in der Beziehung
Kind	neue Verbindung – neuer Vertrag – naives Verhalten in Beziehung
Fuchs	Vertrag prüfen auf Betrug – Partner passt nicht – falsche Verbindung
Bär	Eifersucht in der Beziehung – Geliebte – guter Kontakt zur Mutter
Sterne	Glückspilz – glückliche Ehe – Erfolg haben – guter Vertrag
Störche	Veränderungsvertrag – Veränderung bezüglich der Liebe

RING (25) *Vertrag - Bindung - Heirat - Wiederholung*

Hund	Treue in der Ehe – freundschaftlicher Umgang in der Ehe (wenig Leidenschaft) – Vertrag dem man vertrauen kann
Turm	Trennungsgedanken – jeder geht seinen eigenen Weg, macht nur seins
Park	Hochzeit – guter Kontakt zu Kunden
Berg	Beziehung auf Entfernung – Vertragsprobleme - Beziehungsprobleme
Weg	gemeinsame Wege – Entscheidung bezüglich der Beziehung/Vertrag
Mäuse	Ende der Beziehung – Scheidung – Vertrag wird gelöst
Herz	zufriedene Ehe – Liebesbeziehung – große Liebe
Buch	Liebschaft geheim – Ehevertrag – Prüfungsvertrag - Weiterbildung
Brief	oberflächliche Beziehung – Heiratsangebot z. B. per SMS
Mann	Mann ist gebunden – fühlt sich gebunden
Frau	Frau ist gebunden – fühlt sich gebunden
Lilie	harmonische Ehe - Sexualität spielt eine große Rolle - familiär
Sonne	sich geborgen fühlen in der Partnerschaft – Partner gibt Kraft
Mond	seelische Verbundenheit – Anerkennung – gefühlvolle Beziehung
Schlüssel	Verbindung auf die man sich 100% verlassen kann – stabil Vertrag mit Sicherheit
Fische	Partner ist vermögend – seelische Verbundenheit – Vertrag ums Geld
Anker	Arbeitsvertrag – gute Geschäftsverbindung
Kreuz	**schicksalhafte** Verbindung

BUCH (26) Geheimes - das Buch - Studium - Wissen

Reiter	Nachricht anvertrauen - Geheimdienst
Klee	kleines Geheimnis
Schiff	Reiseziel ist noch nicht bekannt – Weiterbildung - Bildungsreise
Haus	Haus, was man noch nicht kennt – Universität - Schule
Baum	Lebensgeheimnis – Krankheit im Verborgenen – lebenslang lernen
Wolken	Geheimnistuerei
Schlange	raffinierte Frau – Affäre geheim halten
Sarg	ein Geheimnis mit ins Grab nehmen – Krankheit noch unbekannt
Blumen	Überraschung – Geschenk ganz geheim
Sense	plötzliche von einem Geheimnis erfahren
Ruten	geheime Gespräche – Gespräche über Bücher oder Bildung
Vögel	2 Bücher – Aufregung um ein Buch – zweifelhaftes Geheimnis
Kind	kleine Geheimnisse – Kind ist gebildet/belesen
Fuchs	das Falsche lernen – aus Falschheit schweigen - Geheimdienst
Bär	Eifersucht wird nicht gezeigt – Mutter sagt nicht, was sie denkt
Sterne	Begabung – Spiritualität - Kartenleger
Störche	Studium verändern – geheime Veränderungen

BUCH (26) Geheimes - das Buch - Studium - Wissen

Hund noch unbekannte Freundschaft – geheime Freundschaft

Turm großes Lehrhaus – Buchladen - Bibliothek

Park Vorlesung – unbekannte Gesellschaft - Bücherei

Berg Schulprobleme – Schwierigkeiten werden geheim gehalten

Weg geheime Wege – Weg ist noch nicht bekannt – Buch schreiben

Mäuse von einem Geheimnis erfahren

Herz geheime Liebe – Liebesperson noch nicht bekannt, kommt noch

Ring geheimer Vertrag/Verbindung – Partner noch unbekannt – Lehrvertrag

Brief Prüfungsfragen – geheime Schriftstücke - Briefgeheimnis

Mann Person sagt nicht, was er denkt – Person noch unbekannt

Frau Person sagt nicht, was sie denkt – Person noch unbekannt

Lilie geheime Sexualität - Familiengeheimnis

Sonne Erfolg beim Lernen – Intelligenz – gebildet – Energiearbeit/Heilung

Mond geheime Gefühle – seelisches Geheimnis – Gefühle nicht zeigen

Schlüssel selbstsicher durch Erkenntnis – der Schlüssel zu einem Geheimnis
Person verschlossen, in sich gekehrt – Wissen nicht zeigen

Fische geheimes Geld – gutes Bauchgefühl intuitiv

Anker noch unbekannter Arbeitsbereich – Geheimdienst – Arbeitsgeheimnis

Kreuz spirituell – religiös – Verborgenes - Schicksalhaftes

BRIEF (27) *Nachricht - Dokumente - oberflächlich*

Reiter	Nachrichten/Informationen sind unterwegs
Klee	kurze Nachricht (SMS)
Schiff	Nachrichten bezüglich der Reise
Haus	Post kommt ins Haus
Baum	erwartete Nachricht verspätet sich - Krankschrift
Wolken	Unklarheiten bezüglich einer Nachricht
Schlange	Nachricht, die man über Umwege erhält
Sarg	Todesnachrichten – Krankenbericht – Befund - Attest
Blumen	Geschenk – Einladung - Gutschein
Sense	unerwartete Nachricht – Anzeige - Anklage
Ruten	Gespräche über erhaltene Post - Telefonate
Vögel	2 Briefe – Stress durch Nachricht – zweifelhafte Nachricht
Kind	Brief vom Kind – kleine Aufmerksamkeit - Kurznachricht
Fuchs	Nachrichten, die nicht stimmen - Falschmeldung
Bär	Post von Mutter/Anwalt/Behörde/Chef/Geliebte
Sterne	Botschaft – spiritueller Kontakt – Klarheit bezüglich einer Information
Störche	Veränderung durch Nachricht

BRIEF (27)   Nachricht - Dokumente - oberflächlich

Hund	oberflächliche Freundschaft – email-Freundschaft - Brieffreundschaft
Turm	Behördenbrief
Park	Einladung zur größeren Veranstaltung – oberflächlicher Kontakt
Berg	eine Nachricht verursacht Probleme/Schwierigkeiten - Auslandspost
Weg	Informationen mit 2 Möglichkeiten – Nachricht ist unterwegs
Mäuse	Nachricht wird nicht übermittelt oder kommt nicht an, geht verloren
Herz	Liebesbrief – positive Neuigkeiten
Ring	Nachricht über einen Vertrag - Ehevertrag
Buch	Briefgeheimnis (Briefwahl) – geheime Dokumente - Prüfungsfragen
Mann	Person ist oberflächlich
Frau	Person ist oberflächlich
Lilie	familiäre Nachricht – oberflächliche Sexualität
Sonne	positive Nachrichten
Mond	Nachricht, die das Selbstbewusstsein stärkt – oberflächliche Gefühle
Schlüssel	Informationen aus sicherer Quelle – Nachricht kommt mit Sicherheit
Fische	Überweisung – Nachricht Finanzen – melancholische Nachricht
Anker	Nachricht vom Arbeitgeber – Post vom Arbeitsamt - Arbeitsauftrag
Kreuz	schicksalhafte Nachricht

HERR (28)   Mann - männliche Personenkarte

Reiter	aktiver Mann, wahrscheinlich jünger – vielseitig interessiert
Klee	positiv denkender Mann
Schiff	nicht beeinflussbar, lässt Ereignisse auf sich zukommen - abwartend
Haus	ein verlässlicher Mensch – liebt sein Haus/Wohnbereich
Baum	Lebenspartner – ruhiger beständiger Mann – langweiliger Mann
Wolken	Mann, der mit seinen eigenen Problemen beschäftigt ist – seelisch etwas verstimmt - Exmann
Schlange	Nebenfrau – zweite Frau – diplomatischer Mann - raffinierter Mann
Sarg	kraftlos – kränkelnder Mann - religiös
Blumen	charmanter Mann – mit Tochter guten Kontakt
Sense	impulsiver Mann – spontaner Mann
Ruten	streitsüchtiger Mann – Mann, der viel redet und nichts sagt
Vögel	Mann ist aufgeregt, nervös, gestresst – hat Zweifel - hat Sorgen
Kind	Mann hat Kinder – ist naiv – unreif – natürlich wirkende Person
Fuchs	schlauer Mann – misstrauischer Mann – der falsche Mann für die Frau Mann zeigt sich anders als er ist – macht sich was vor
Bär	starke Persönlichkeit – durchsetzungsfähig – eifersüchtig - dominant
Sterne	klare Sichtweise – spiritueller, medialer Mann – weiß um was es geht
Störche	flexibler Mann – ist in der Veränderungsphase (auch midlife crisis)

HERR (28)   *Mann - männliche Personenkarte*

Hund   treuer Mann – verlässlich - denkt mehr an andere als an sich
Turm   selbständig – gehobene Persönlichkeit – fühlt sich einsam, allein
              Charaktereigenschaft: braucht Rückzug – Rückenproblem
Park   beliebter Mann in der Gesellschaft - sucht Kontakte – kontaktfähig
Berg   stur – blockiert – schwierige Person – blockiert sich selbst
Weg   muss Entscheidung treffen, unentschlossen, sucht Alternativen.

Mäuse   Mann wird gehen – Mann leidet unter Verlustangst - Angst als Thema
Herz   herzlich liebevoller Mann – auf das Herz achten
Ring   ist gebunden – fühlt sich gebunden – macht immer wieder dasselbe
Buch   verschlossen – sagt nicht, was er denkt – noch unbekannter Mann
              liest gerne – gebildet - geheimnisvoll
Brief   oberflächlicher Mann
Dame   enge Bindung zur Partnerin
Lilie   harmoniebedürftig – Familienmensch – sexuell interessiert
Sonne   charismatischer Mann mit viel Energie – positiv - optimistisch
Mond   sensibel – gefühlvoll - spirituell – seelische Verbundenheit
Schlüssel zuverlässiger Mann – Mann bietet Sicherheit
Fische   materialistisch denkender Mann – liebt das Geld – vermögend
Anker   fleißiger Mann – klammert, kann nicht loslassen – festhaltend
Kreuz   schicksalhafte Periode im Leben des Mannes

DAME (29)   Frau - weibliche Personenkarte

Reiter	dynamisch aktive Frau
Klee	zufriedene Frau
Schiff	geht auf Reisen – lässt sich nicht beeinflussen – eher abwartend
Haus	Hausfrau – liebt ihr Zuhause
Baum	stabiles Leben – ruhige beständige (langweilige) Frau - gleichbleibend
Wolken	keinen Durchblick – nachdenklich – mit ihren Problemen beschäftigt
Schlange	schlaue Frau – raffinierte Frau
Sarg	arbeitet im medizinischen Bereich – geschwächt – kraftlos - religiös
Blumen	schöne Frau – liebenswürdige Frau – freundliche Frau - Tochter
Sense	spontane Frau – hat Aggressionen – Zahnprobleme – Verletzung
Ruten	streitsüchtig – verletzend – Person ist redegewandt
Vögel	nervöse Frau – hat Sorgen – ist unsicher
Kind	Frau mit Kindern – natürliche wirkende Person – naiv - unreif
Fuchs	schlaue Person – misstrauisch – hinterhältig – unehrlich – falsche Frau, Frau zeigt sich anders als sie ist – macht sich was vor
Bär	starke Persönlichkeit – eifersüchtig – dominant – Geliebte
Sterne	klare Sichtweise - spirituell – offen – weiß um was es geht - intuitiv
Störche	flexible Frau – verändert sich gerade (z. B. vom Teenager zur Frau)

DAME (29)   *Frau - weibliche Personenkarte*

Hund
treue Frau – freundschaftliche Beziehung zu einem Mann – Frau, auf
die man sich verlassen kann – denkt mehr an andere als an sich

Turm
selbständig – gehobene Persönlichkeit – fühlt sich einsam, allein
zieht sich zurück – Rückenproblem

Park
beliebte Frau in der Gesellschaft - sucht Kontakte – sehr kontaktfähig

Berg
stur – blockiert – schwierige Person – blockiert sich selbst

Weg
muss Entscheidung treffen, unentschlossen, sucht Alternativen

Mäuse
Frau wird gehen – leidet unter Verlustangst - Angst als Thema

Herz
herzlich liebevolle Frau – auf das Herz achten

Ring
ist gebunden – fühlt sich gebunden – macht immer wieder dasselbe

Buch
verschlossen – sagt nicht, was sie denkt – noch unbekannte Frau
liest gerne – gebildet - geheimnisvoll

Brief
oberflächliche Frau

Herr
enge Bindung zum Partner

Lilie
harmoniebedürftig – Familienmensch – sexuell interessiert

Sonne
charismatische Frau mit viel Energie – positiv – optimistische Frau

Mond
sensibel – gefühlvoll - spirituell – seelische Verbundenheit zum

Schlüssel
zuverlässige Frau – Frau bietet Sicherheit

Fische
materialistisch denkende Frau – liebt das Geld – vermögender Partner

Anker
fleißige Frau – klammert, kann nicht loslassen – berufstätige Frau

Kreuz
schicksalhafte Periode im Leben der Frau

LILIE (30) Harmonie - Sexualität - Familie - Fehler

Reiter	sexuell aktiv – Affäre – unterwegs mit der Familie
Klee	positives Denken – glückliche Familie – kurzer sexueller Kontakt
Schiff	Familienreise – sexuelle Wünsche – harmonisch verlaufene Reise
Haus	Gastfreundlichkeit – Besuch ist willkommen – harmonisches Haus
Baum	Krankheit im gynäkologischen Bereich – ruhiges Leben
Wolken	sexuell unzufrieden – Unklarheiten in der Familie
Schlange	Affäre – Frau verführt sexuell
Sarg	Sexualität ruht – sich nicht fallen lassen können – Gesundheit: Geschlechtskrankheit – keinen Kontakt zur Familie
Blumen	Familie – sexuelle Zufriedenheit – Gewächs in Gebärmutter
Sense	plötzliche Sexualität – gewaltvolle Sexualität (auch Vergewaltigung)
Ruten	Familiendiskussionen – Gespräche, auch Streit über Sexualität
Vögel	familiäre Aufregung – 2 sexuelle Beziehungen
Kind	Sexualität in den Anfängen – wenig Sex – kleine Familie
Fuchs	falsches sexuelles Verhalten – falsches Verhältnis (Affäre) – etwas läuft in der Familie falsch
Bär	Mutter ist ein Familienmensch – Eifersucht in der Familie – Affäre
Sterne	oft Sexualität – Orgasmus – Rauschmittel – Klarheit in der Familie
Störche	familiäre Veränderung – Veränderung sexueller Praktiken/Wünsche

LILIE (30) Harmonie - Sexualität - Familie - Fehler

Hund	Vertrauen zur Familie – aus Freundschaft entsteht sexueller Kontakt
Turm	starkes sexuelles Verlangen – sexuelle Sehnsüchte/Vorstellungen Abgrenzung zur Familie – sich von der Familie zurückziehen
Park	Sex in der Öffentlichkeit – Bordell – Familie in der Öffentlichkeit
Berg	sexuelle Schwierigkeiten - Familienprobleme - weit entfernt Harmonie blockiert
Weg	familiäre/sexuelle Entscheidungen – Harmoniesuche
Mäuse	familiäre Probleme, Angst bezüglich Sexualität – keine Sexualität
Herz	familiärer Besuch – Sexualität mit Liebe – die Familie lieben
Ring	Ehe mit sexueller Zufriedenheit – starke Bindung zur Familie
Buch	Verhältnis (geheim), gebildete Familie – Familie nicht bekannt
Brief	oberflächlich sexueller Kontakt – sporadischer Kontakt zur Familie
Mann	sexueller Partner – Flirt – Familienmensch - harmoniebedürftig
Frau	sexueller Partner – Flirt – Familienmensch - harmoniebedürftig
Sonne	starke Bindung zur Familie – glückliche Familie – sexuell zufrieden
Mond	gefühlvolle Sexualität – liebevolle Familie
Schlüssel	mit Sicherheit findet Sexualität statt – gute Sexualität
Fische	Prostitution (für Sex bezahlen) – seelische Verbundenheit
Anker	Sozialarbeit - Affäre im Beruf - Familienverbundenheit - klammernd
Kreuz	gläubige Familie – Familie

SONNE (31) Kraft - Stärke - Positives - Energie - Sommer

Reiter	Unternehmung bringt Kraft und Energie – erfreuliche Unternehmung
Klee	Glück und Erfolg
Schiff	Sommerreise – Positives kommt ins Fließen
Haus	schönes Zuhause – guter Allgemeinzustand
Baum	sehr gesund - kraftvoll
Wolken	ambivalent
Schlange	raffinierte Frau mit positiver Ausstrahlung – Umwege lohnen
Sarg	kraftlos, neue Energie allmählich – mal so, mal so, launisch wechselhaft im positiv/negativem Denken – Krankheitsende
Blumen	schönes Geschenk – hübsche Tochter
Sense	voller Power – weiß nicht wohin mit den Kräften
Ruten	Gesprächstherapie – Geistheilung – positiver Gesprächsverlauf
Vögel	unbegründete Sorgen – Zweifel/Unsicherheiten klären sich
Kind	glückliches Kind – schöne Kindheit gehabt – kleiner Erfolg
Fuchs	Scheinheiligkeit
Bär	gewaltiger Energiezufluss – Mutter geht es gut
Sterne	totaler Erfolg – auch Hellsichtigkeit
Störche	positive Veränderung – Gesundheit: Heilung der Beinprobleme

SONNE (31) Kraft - Stärke - Positives - Energie - Sommer

Hund	gute Freunde – gutes Selbstbewusstsein
Turm	Erfolg in der Selbständigkeit – Karriere verläuft positiv
Park	gute Kunden – öffentliche Veranstaltung
Berg	blockiert im Weiterkommen
Weg	Entscheidung bringt Erfolg – positiver Weg
Mäuse	Energieverlust – Kraft und Ausdauer fehlt
Herz	Verliebtheit – Liebe macht glücklich – starkes Herz
Ring	Wärme und Geborgenheit in der Partnerschaft – guter Vertrag
Buch	spirituelles Buch – Erfolg ist noch nicht spruchreif – guter Abschluss
Brief	positive Nachricht
Mann	positive Person - Anziehungskraft
Frau	positive Person - Anziehungskraft
Lilie	sehr harmoniebedürftig – gute Sexualität
Mond	wechselhaft – mal so mal so - launisch
Schlüssel	gutes Selbstbewusstsein
Fische	viel Geld (in Verbindung Sterne/Mond= REICHTUM)
Anker	Arbeit lieben – Arbeit mit Energie (Elektriker - Heilung)
Kreuz	positive Einstellung – positives Glauben

MOND (32) Medialität - Traum - Magie - Unterbewusstes

Reiter	Meditation empfohlen . intuitive Begabung - Anerkennung
Klee	kurzfristiger Erfolg
Schiff	spirituelle Reise – Sehnsucht
Haus	Gefühlsschwankungen bezüglich der wohnlichen Umgebung
Baum	gesundheitlich stabil – seelisch gefestigt
Wolken	Depression, die ernst zu nehmen ist
Schlange	Anerkennung über Umwege
Sarg	Depression – sensibel – keine Gefühle
Blumen	seelisches Wachstum
Sense	Gefühlsschwankungen - cholerisch
Ruten	Begabung zum Pendeln – vorsichtige Gesprächsführung
Vögel	Gefühle sind durcheinander – seelisch hin und her gerissen
Kind	etwas Sehnsucht
Fuchs	mangelnde Selbsterkenntnis, jemand der sich was vormacht
Bär	seelisch stabil – Eifersucht – Mutter ist medial veranlagt
Sterne	Medialität nutzen – Klarheit bezüglich der Gefühle – plus Sonne = hohe Spiritualität, Einweihung - plus Fische dazu = Reichtum
Störche	Persönlichkeitsveränderung

MOND (32) Medialität - Traum - Magie - Unterbewusstes

Hund	mediale Freundschaft - Selbstvertrauen
Turm	Nervenheilanstalt – distanziert – Internat – geschlossene Anstalt
Park	Anerkennung in der Öffentlichkeit – empfindliche Kunden
Berg	seelische Blockade
Weg	Anerkennung durch Alternativen – intuitive Entscheidung
Mäuse	Melancholie - Depression
Herz	tiefe Gefühle in der Liebe – innige Liebe – positive Beziehung
Ring	harmonische Verbindung - Heiratsantrag
Buch	Geheimwissenschaft/Psychologie – geheime Gefühle
Brief	gefühlsmäßig oberflächlich – seelische Kontakte knüpfen
Mann	seelische Verbundenheit zum Partner
Frau	seelische Verbundenheit zum Partner
Lilie	sexuelle Gefühle – seelische Verbundenheit zur Familie
Sonne	medial empfangen und aufnehmen – medial erfolgreich
Schlüssel	Selbstsicherheit – mediale Sicherheit
Fische	starke Intuition – Hellfühligkeit – guter Umgang mit Finanzen
Anker	seelische Arbeit (Psychologe) – Anerkennung beruflicher Art
Kreuz	Verflechtungen mit früheren Leben – Unterbewusstsein

SCHLÜSSEL (33) Sicherheit - Erfolg - Lösung - Eisenmangel

Reiter	Nachrichten stimmen
Klee	gute Zeit – kurzfristig erfolgreich
Schiff	mit Sicherheit kommt etwas auf mich zu – Reise findet statt
Haus	Hausschlüssel – Haus ist Bestimmung – Haus ist einem sicher
Baum	mit Sicherheit gesund (außer Eisenmangel könnte sein)
Wolken	Unklarheiten bezüglich der Sicherheit
Schlange	über Umwege Erfolg haben – über Umwege Sicherheit bekommen
Sarg	Krankheit bestätigt sich – Krankheit ernst nehmen, Arzt aufsuchen
Blumen	schönes Geschenk – Wohlstand ist wie ein Geschenk zu sehen
Sense	plötzliche Sicherheit – metallenes Werkzeug
Ruten	Erfolg nach Diskussionen
Vögel	Aufregung bezüglich der Sicherheit
Kind	Kind fühlt sich geborgen – Anfang des Erfolges – Kind ist selbstsicher
Fuchs	Betrug ist möglich – Sicherheit gefährdet - Unsicherheit
Bär	Mutter bietet Sicherheit
Sterne	Glücksphase – Erfolg ist sicher - Hellsichtigkeit
Störche	Veränderung bringt Sicherheit

SCHLÜSSEL (33) Sicherheit - Erfolg - Lösung - Eisenmangel

Hund	Stammkunden – Freundschaft, auf die man sich verlassen kann - Treue
Turm	positive Behördenangelegenheit – Selbständigkeit ist sicher
Park	sicheres Auftreten in der Öffentlichkeit – Stammkunden - Publikum
Berg	mit Sicherheit kommt es zu Schwierigkeiten – Sicherheit gefährdet
Weg	Weg bringt Erfolg – Entscheidung bezüglich Sicherheit
Mäuse	Mangel an Selbstvertrauen – Sicherheitsverlust - Unsicherheit
Herz	stabile Liebe, Partner fühlt sich sicher – Beziehung bleibt
Ring	feste Bindung – Ehe bringt Sicherheit - sicherer Vertrag
Buch	Erfolg durch Lernen – erfolgreicher Schulabschluss – geheimer Erfolg
Brief	mit Sicherheit kommt eine Mitteilung
Mann	Person auf die man sich verlassen kann – Mann bietet Sicherheit
Frau	Person auf die man sich verlassen kann – Frau bietet Sicherheit
Lilie	Sexualität mit Sicherheit – Familie bietet Sicherheit
Sonne	gute Intuition – Erfolg ist sicher – mich Sicherheit erfolgreich
Mond	auf eigene Gefühle hören - Meditation
Fische	gut angelegtes Geld – Erfolg bezüglich der Finanzen
Anker	beruflicher Erfolg – sicherer Arbeitsplatz - Sicherheitsbeauftragter
Kreuz	schicksalhaft

FISCHE (34)Geld - Reichtum - Besitz - Finanzielle Werte

Reiter	Geldsendung ist unterwegs – Gewinn möglich
Klee	kurzes finanzielles Glück - Bonus
Schiff	Schiffsreise – Geld kommt auf einen zu – Geldfluss
Haus	genug Geld für Eigentum – Hauskosten - vermögend
Baum	Geld schlägt Wurzeln – genug Geld lebenslang vorhanden
Wolken	finanzielle Unsicherheiten – unsichere Geldangelegenheiten
Schlange	über Umwege an die Finanzen – Vorsicht vor finanzielle Verstrickung
Sarg	totes Kapital – kein Geld – Gesundheit: Krankheit bezüglich Blase
Blumen	Geldgeschenk – Gutschein – finanzielles Glück
Sense	plötzliche vermögend – plötzlich Geld vorhanden
Ruten	Finanzgespräche (z. B. Finanzamt, Bank, Aktien)
Vögel	finanzielle Aufregung – Stress bezüglich Geldangelegenheit
Kind	Kindergeld – wenig Geld – Kleingeld - Erziehungsgeld
Fuchs	Falschgeld – unnötige Geldausgaben – etwas läuft falsch finanziell
Bär	jemand beneidet den Besitz – Mutter ist vermögend, liebt das Geld
Sterne	plus Sonne = viel Geld – plus Sonne und Mond = REICHTUM
Störche	Veränderung im finanziellen Bereich

FISCHE (34)Geld - Reichtum - Besitz - Finanzielle Werte

Hund	seelische Verbundenheit – Unterstützung durch einen Freund
Turm	Erfolg mit der Selbständigkeit – Gebäude für Geldangelegenheiten
Park	Kundschaft bringt Geld – Börse - Spielbank
Berg	finanzielle Schwierigkeiten – Gesundheit: Blasenprobleme
Weg	finanzielle Entscheidung
Mäuse	Geldverlust – Diebstahl – finanzieller Verlust
Herz	Liebe zum Geld – seelische Verbundenheit – tiefe Liebe
Ring	Ehe mit finanzieller Sicherheit – Vertrag bezüglich Finanzen
Buch	geheimes Geld – Ausbildung kostet viel Geld - Finanzgeheimnis
Brief	Überweisung – finanzielle Dokumente (Testament)
Mann	Person ist Geld wichtig – Person ist vermögend – materiell orientiert
Frau	Person ist Geld wichtig – Person ist vermögend – materiell orientiert
Lilie	Sex für Geld (aus Berechnung) – Familie hat Geld
Sonne	finanzieller Erfolg
Mond	finanzielle Anerkennung – gute Intuition - gefühlvoll
Schlüssel	mit Sicherheit genug Geld vorhanden – sichere Finanzierung
Anker	Arbeit mit Geld (Bank, Finanzamt) – Gage – Lohn - Honorar
Kreuz	kurzfristig finanzielles Leid

ANKER (35)Beruf - Arbeit - Fleiß - Verbundenheit - verankert

Reiter	beruflich viel unterwegs – Fremdenführer – Leistungssportler flexible Tätigkeit – Kellner - Vertreter
Klee	befristeter Arbeitsvertrag – kurzes berufliches Glück - Kurzarbeit
Schiff	Arbeitsangebot kommt - Taxifahrer, Geschäftsreise, Fortbildung
Haus	Hausfrau – Arbeiten von zu Hause - Hausarbeit
Baum	sicherer Arbeitsplatz – Lebensaufgabe – lebenslange Arbeit (Beamter)
Wolken	berufliche Unklarheiten – Unklarheiten am Arbeitsplatz
Schlange	berufliche Verwicklungen – Vorsicht vor Intrigantin am Arbeitsplatz
Sarg	Arbeit im Gesundheitsbereich – Arbeit macht krank – langweilige Arbeit – keine berufliche Erfüllung - Schwarzarbeit
Blumen	Spaß an der Arbeit – Maler – Künstler – Florist - Gärtner
Sense	plötzliches Arbeitsangebot
Ruten	Arbeit mit Gesprächen/Kommunikation (Lehrer, Telekommunikation)
Vögel	2 Arbeiten- Stress am Arbeitsplatz – hektischer Beruf
Kind	Kleinbetrieb – Beruf mit Kindern – neue Arbeit - Arbeitsbeginn
Fuchs	falscher Beruf – Vorsicht Intrigen am Arbeitsplatz – Beruf überdenken
Bär	Chef – Politiker – hochgestellte Persönlichkeit - Beamter
Sterne	erfüllende Arbeit – Klarheit beruflich – Astrologe - Esoteriker
Störche	Arbeitsveränderung – Dienstwege

ANKER (35) Beruf - Arbeit - Fleiß - Verbundenheit - verankert

Hund	Freund im Arbeitsbereich – vertrauensvolle Tätigkeit - Seelsorger
Turm	führende Position – Selbständigkeit – Behörde – Lehrer - Arbeitsamt
Park	großes Unternehmen – Publikumsverkehr
Berg	berufliche Belastungen/Schwierigkeiten – Tätigkeit weit entfernt
Weg	Berufswahl – Entscheidung im Arbeitsbereich – berufliche Wege
Mäuse	Arbeitsverlust – Kündigung droht – keine Aufträge
Herz	klammernde Liebe – Liebe zur Arbeit (Workoholiker)
Ring	Arbeitsvertrag
Buch	Geheimdienst – Buchbinder – unbekannte Arbeit – geheimer Arbeitsbereich - Berufsausbildung
Brief	Büroarbeit – oberflächlich, ungenau arbeiten – Post – Behörden - Amt
Mann	fleißige Person – kann nicht ohne Arbeit leben
Frau	fleißige Person – kann nicht ohne Arbeit leben
Lilie	Familienbetrieb – Sozialarbeiter – sexueller Vertrag (Prostitution)
Sonne	Energiearbeit (Strom, Heilung) – erfüllende Arbeit – Arbeit gibt Kraft
Mond	therapeutische Arbeit – Arbeit im Seelenbereich (Psychotherapie)
Schlüssel	sicherer Arbeitsplatz
Fische	Arbeit mit Geld – Bankangestellter – Seelsorger
Kreuz	Pfarrer – kurzes berufliches Leid geht vorüber – Gemeindearbeit

KREUZ (36)   Leid - Karma - Ende des Zeitraumes

Reiter	Schicksalsschläge positiv zu sehen
Klee	kurzfristige Belastungen
Schiff	Schicksalsreise – Reise ins Innere – Reise gesegnet
Haus	Wohnung/Haus ist Bestimmung
Baum	auf Gesundheit achten (Kreuz, Rücken) – belastetes Leben
Wolken	Sorgen, Belastungen – chaotische Situation
Schlange	kurzfristiges Leid mit einer Frau - Verstrickungen
Sarg	Krankheit – plus Sense = etwas stirbt
Blumen	Glück im Leben
Sense	große Herausforderung – plötzliche Gefahr
Ruten	schicksalhafte Gespräche – unvermeidbarer Streit
Vögel	Neigung sich über alles aufzuregen
Kind	kurzes Leid – unglückliches Kind – belastete Kindheit
Fuchs	Falschheit – Intrigen (schicksalhaft)
Bär	Mutter ist belastet (Rückenbeschwerden)
Sterne	Karma-Arbeit (Meditation) – Hellsichtigkeit, hohes geistiges Wissen - Lebensaufgabe
Störche	Veränderungen

KREUZ (36)   Leid - Karma - Ende des Zeitraumes

Hund	schicksalhafte Freundschaft
Turm	Abgrenzung/Rückzug wichtig
Park	kurzfristige Belastungen in der Öffentlichkeit
Berg	Hindernis/Blockade schicksalhaft
Weg	schicksalhafte Entscheidung kurzfristig
Mäuse	totaler Verlust – nichts geschieht
Herz	Liebe schicksalhaft – oft verbunden mit Leid - nicht einfach
Ring	Verbindung ist nicht zu lösen
Buch	erworbene Weisheit – schicksalhaftes Geheimnis
Brief	schicksalhafte Nachricht/Dokument
Mann	Person, die vom Schicksal bestimmt ist – kurzfristiges Leid
Frau	Person, die vom Schicksal bestimmt ist – kurzfristiges Leid
Lilie	Familie, hält zusammen wie Pech und Schwefel
Sonne	Glückspilz ein Leben lang – dauerhaft Kraft und Energie
Mond	Medium – Intuition - Sensibilität
Schlüssel	Bestimmung schicksalhaft
Fische	seelische Verbindung
Anker	schicksalhafter Beruf

Das war jetzt alles - und nun viel Spaß beim Nachschlagen und Üben

Printed in Great Britain
by Amazon

32159698R00057